Meiner lieben Kimber-Leigh.

Linda Niess

Die Rechte der Tiere?

**Das deutsche Tierschutzgesetz vor dem
Hintergrund der neueren tierethischen Diskussion**

*Bibliografische Information der Deutschen
Nationalbibliothek:
Die Deutsche Nationalbibliothek verzeichnet diese
Publikation in der Deutschen Nationalbibliografie;
detaillierte bibliografische Daten sind im Internet über
http://dnb.dnb.de abrufbar.*

© 2017 Linda Niess

*Herstellung und Verlag:
BoD – Books on Demand, Norderstedt*

*ISBN: 978-3-**7431-5334-9***

Inhalt

Vorwort 7

1. Einleitung 9

2. Das deutsche Tierschutzgesetz
2.1. Geschichte 12
2.2. Aufbau 13
2.3. Gegenstand des Tierschutzgesetzes 14
2.4. Zum vernünftigen Grund 14

3. Tierschutz in der Praxis
3.1. Rechtsgrundlagen 17
3.2. Die Tierschutzkommission 20
3.3. Der deutsche Tierschutzbund 22

4. Tierethik 31
4.1. Geschichte 32
4.2. Positionen in der Tierethik
       und ihre Vertreter 34
4.2.1. Utilitarismus
    Peter Singer: Gleichheitsprinzip 34
4.2.2. „Einfache Ethik"
    Helmut F. Kaplan: Theorie und Praxis 38
4.2.3. Theorie moralischer Rechte
    Tom Regan: Moralische Rechte für Tiere 41
4.2.4. Mitleidsethik
    Ursula Wolf: Die Moral Universalen
    Mitleids 47
4.2.5. Tugendethik
    Jean-Claude Wolf: Tugendethik als Basis
    für Tierethik 50

4.2.6. Kontraktualismus
      Mark Rowlands: Gerechtigkeit für alle   54
4.2.7. Theologische Ansätze
4.2.7.1. Albert Schweitzer: Ethik der Ehrfurcht
      vor dem Leben   59
4.2.7.2. Heike Baranzke: Würde der Kreatur   63
4.3. Ergebnis der Theorienbetrachtung   65

5. Gesetz – Tierethik – Tierschutz   67

6. Tierschutzgesetz vs. Tierethik   70
6.1. Grundlegendes
6.1.1. §1 des Tierschutzgesetzes   71
6.1.2. Artikel 20a Grundgesetz   74
6.1.3. §90a Bürgerliches Gesetzbuch   78
6.2. Töten von Tieren   81
6.2.1. Schlachtung zu Nahrungszwecken   81
6.2.2. Tötung aus wirtschaftlichen Interessen   89
6.2.3. Jagd   95
6.2.4. Schädlingsbekämpfung   99
6.3. Tierversuche   108
6.4. Tierschutz, Tierethik und Religion   123
6.5. Great Ape Project: Anthropozentrische
      Differenzierung von Tierarten   126

7. Fazit und Ausblick   129

Quellenverzeichnis   133

Danksagung   148

Vorwort

„Tiere sind zum Essen da." Das waren die Worte einer Freundin als wir etwa acht Jahre alt waren. „Tiere sind da um zu leben" war meine Antwort, die sie empört als „Gotteslästerung" bezeichnete. Sie war von ihrer Sicht vermutlich ebenso überzeugt, wie ich von meiner. Wir hatten schlicht einen sehr verschiedenen Hintergrund.

Ganz ähnlich verhält es sich auch im größeren Kontext, nämlich innerhalb einer ganzen Gesellschaft. Nicht alle vertreten die gleichen ethischen Ansichten, sie unterscheiden sich zum Teil gravierend. Was also dem einen ganz selbstverständlich als unethisch erscheint, kann von einem anderen als völlig legitim und ethisch unproblematisch empfunden werden. Das Gesetz hingegen ist für alle Menschen bindend, verstoßen sie dagegen, werden sie bestraft.

Fortschreitende wissenschaftliche Erkenntnisse, wie etwa das Wissen über die Empfindungs- und Leidensfähigkeit anderer Spezies, sind nicht von der Hand zu weisen. Diese sind sowohl Basis vieler tierethischer Positionen, als auch Tatsachen, die bei einer gesetzlichen Regelung zum Umgang mit Tieren berücksichtigt werden müssen.

Selbst wenn es denkbar wäre, dass manche Menschen keine ethischen Bedenken gegen „das Recht des Stärkeren" haben, so hindert das Gesetz sie daran, es gegen ihre Mitmenschen auszuüben. Den „schwächeren" Menschen in der Gesellschaft werden die gleichen Grundrechte zugesprochen, wie den „stärkeren".

Das Mensch-Tier-Verhältnis ist aus Sicht der Tiere oftmals ein unfreiwilliges. Auch die Tiere sind in der Position der „Schwächeren", da der Mensch sie durch allerlei Hilfsmittel und durch Domestizierung kontrollieren und zwingen kann. Für den Menschen ergibt sich hieraus eine besondere Verantwortung. Wird er dieser gerecht, so müsste sie sich konsequenterweise auch in einer verantwortungsvollen Gesetzgebung niederschlagen, damit das menschliche Handeln nicht schlicht die Ausübung des „Rechtes des Stärkeren" gegenüber den Tieren darstellt.

Im Gesetz spiegeln sich die in einem Land vertretenen Werte. Die Gesetzgebung reagiert unter anderem auch auf Wertewandel innerhalb der Gesellschaft und passt sich immer wieder aktuellen Gegebenheiten an. Das Tierschutzgesetz dürfte demzufolge den vom Großteil der Bevölkerung als richtig empfundenen Umgang mit Tieren beschreiben. In diesem Kontext seien die Worte von Mahatma Gandhi aufgegriffen:

> „Die Größe und den moralischen Fortschritt einer Nation kann man daran messen, wie sie die Tiere behandelt."

> Mahatma Gandhi (1869 – 1948)

9. November 2016

Linda Niess

1. Einleitung

Tiere wie Katzen, Hunde und Kleintiere haben in der heutigen Gesellschaft einen besonderen Stellenwert, sie sind Freunde und Gefährten des Menschen und werden oft als Familienmitglieder wahrgenommen. Als Haustiere stehen sie dem Menschen in besonderer Weise nahe und bereichern sein Leben. Haustiere werden von ihrem Halter meist liebevoll umsorgt und geschützt. Andere Tierarten, wie Rinder, Schweine und Hühner dagegen sind Nutztiere des Menschen und den meisten, vor allem in urbanen Gebieten, doch relativ fremd. Der direkte Kontakt zu diesen Tierarten, sofern er nicht beruflich bedingt ist, ergibt sich eher selten. Durch die Industrialisierung der Nutztierhaltung hat eine Entfremdung von Menschen und Nutztieren stattgefunden und das Bewusstsein, woher tierische Produkte stammen, ist in den Hintergrund getreten. Was mit den Nutztieren geschieht, bevor sie als Fleisch im Supermarkt auftauchen, wird nach dem Prinzip „aus den Augen aus dem Sinn" oftmals verdrängt oder gar nicht erst realisiert. Hinzu kommen unter anderem noch Versuchstiere und auch Wildtiere, die in unbesiedelten Gebieten oder auch in direkter Nähe zum Menschen, etwa in Gärten und öffentlichen Grünanlagen oder auch den Innenstädten leben. Diese Tiere sind oftmals dem Menschen gegenüber scheu und er bekommt sie kaum zu Gesicht, oder die Menschen halten von sich aus Abstand zu ihnen. Wenn kaum jemand einen Bezug zu diesen Tierarten hat, wer schützt sie dann also? In

Deutschland gibt es hierfür ein Tierschutzgesetz, dessen Gegenstand grundsätzlich alle Tiere sind.

> „Zweck dieses Gesetzes ist es, aus der Verantwortung des Menschen für das Tier als Mitgeschöpf dessen Leben und Wohlbefinden zu schützen. Niemand darf einem Tier ohne vernünftigen Grund Schmerzen, Leiden oder Schäden zufügen."[1]

So lautet der in §1 festgelegte Grundsatz des deutschen Tierschutzgesetzes. Ziel dieser Publikation ist es, das Gesetz vor dem Hintergrund aktueller tierethischer Positionen genauer zu untersuchen. Im Besonderen sollen die Fragen beantwortet werden, was es mit dem „vernünftigen Grund" auf sich hat und was das wiederum für die praktische Umsetzung des Tierschutzes, also letztendlich für die Tiere bedeutet. Zudem soll das Tierschutzgesetz dahingehend betrachtet werden, ob Tieren Rechte zugesprochen werden und ob ihm tierethische Aspekte zugrunde liegen. Um diese Fragen zu beantworten, soll zunächst ein kurzer Überblick über Form und Inhalt des deutschen Tierschutzgesetzes sowie in diesem Zusammenhang relevante Begriffe und Organisationen gegeben werden. Anschließend wird die Tierethik und exemplarisch einige tierethische Positionen verschiedener ethischer Richtungen vorgestellt, um einen Überblick über die

---

[1] §1 Absatz 1 Satz 1 und 2 Tierschutzgesetz (TierSchG).

neuere tierethische Diskussion zu schaffen. Die zu berücksichtigenden ethischen Richtungen sind der Utilitarismus, am Beispiel der Position von Peter Singer, die „Einfache Ethik" von Helmut F. Kaplan, die Theorie moralischer Rechte von Tom Regan, die Mitleidsethik von Ursula Wolf, die Tugendethik von Jean-Claude Wolf und der Kontraktualismus, am Beispiel der Position Marc Rowlands`. Außerdem die theologischen Ansätze von Albert Schweitzer und Heike Baranzke. Vor diesem tierethischen Hintergrund werden im Folgenden einzelne Punkte des Tierschutzgesetzes sowie die praktische Umsetzung der Gesetzesgrundlage kritisch beleuchtet und auf ethische Aspekte hin untersucht.

2. Das deutsche Tierschutzgesetz

2.1. Geschichte

Die Geschichte des gesetzlichen Tierschutzes in Deutschland reicht weit zurück. Bereits im Reichsstrafgesetzbuch von 1871 fand sich ein Paragraph, welcher das boshafte Quälen oder das rohe Misshandeln von Tieren unter Androhung von Strafe untersagte. Der entsprechende Gesetzesparagraph bezog sich jedoch nur auf den Fall, dass durch ein Zuwiderhandeln gegen selbigen andere Menschen beeinträchtigt wurden. Das boshafte Quälen oder das rohe Misshandeln von Tieren war also lediglich in diesem Zusammenhang strafbar. Das Gesetz nahm somit nicht den Schutz des Tieres an sich in den Fokus, sondern vielmehr den des Menschen, dem aufgrund seines Mitgefühls mit dem betroffenen Tier Leid zugefügt wurde.

Im Mai 1933 fand der bestehende Paragraph Eingang in das Strafgesetzbuch und beschrieb folglich ein strafbares Vergehen. Am 24. November desselben Jahres wurde das Reichstierschutzgesetz verabschiedet, welches fortan auch die, zuvor zu diesem Zweck aus dem Strafgesetzbuch heraus gelöste, Strafbarkeit des Quälens oder Misshandelns von Tieren festlegte. Das Reichstierschutzgesetz diente erstmals dem Zweck, das Tier um seiner selbst willen zu schützen.

In der Bundesrepublik Deutschland behielt das Tierschutzgesetz des dritten Reiches als vorkonstitutionelles Recht seine Gültigkeit.

Ersetzt wurde das Reichstierschutzgesetz am 24. Juli 1972 durch das deutsche Tierschutzgesetz in seiner heutigen Form.[2] Im Jahr 2002 wurde das Tierschutzgesetz nach Mehrheitsbeschluss im Bundestag und mit Zustimmung des Bundesrates, durch die Ergänzung des bestehenden Artikels 20a, im Grundgesetz verankert. Die Aufnahme in das Grundgesetz erhob den Tierschutz zu einem Staatsziel und erhöhte somit dessen Stellenwert.[3] Aktuell besteht das deutsche Tierschutzgesetz in der Fassung der Bekanntmachung vom 18. Mai 2006. Zuletzt geändert wurde das Gesetz am 3. Dezember 2015.

2.2. Aufbau

Das deutsche Tierschutzgesetz ist in zwölf Abschnitte untergliedert und umfasst insgesamt zweiundzwanzig Paragraphen. Der erste Abschnitt legt in einem Paragraphen die allgemeinen Grundsätze des Gesetzes fest. In Abschnitt zwei bis neun werden verschiedene Teilbereiche geregelt, hierunter fallen §2, §2a und §3 „Tierhaltung", §4, §4a und §4b „Töten von Tieren", §5, §6 und §6a „Eingriffe an Tieren", §7 bis §9 „Tierversuche". Außerdem §10 „Tierschutzbeauftragte", §11 bis §11c „Zucht, Halten von Tieren, Handel mit Tieren", §12 „Verbringungs-, Verkehrs- und Haltungsverbot" sowie §13 bis §13b

---

[2] Vgl. JOHN, Jörg (2007): Tierrecht. Saxonia Verlag, Dresden, S.10f..
[3] Vgl. Bundesministerium für Ernährung und Landwirtschaft (BMEL) (o.J.): Stellung des Tierschutzes im Grundgesetz. Online im Internet: URL:
http://www.bmel.de/DE/Tier/Tierschutz/_texte/StaatszielTierschutz.html [Stand 09.06.2016].

„Sonstige Bestimmungen zum Schutz der Tiere". Abschnitt zehn befasst sich in §14 bis §16j mit der Durchführung des Gesetzes, Abschnitt elf regelt mit §17 bis §20a Straf- und Bußgeldvorschriften und der abschließende zwölfte Abschnitt beinhaltet §21 bis §22 Übergangs- und Schlussvorschriften. Ergänzt wird das Gesetz durch „[...] die Allgemeine Verwaltungsvorschrift zur Durchführung sowie fünf Verordnungen über Nutztiere, Hunde, Versuchstiermeldungen, das Schlachten und den Transport".[4]

2.3. Gegenstand des Tierschutzgesetzes

In Bezug auf den Umgang des Menschen mit dem Tier stellt das Tierschutzgesetz eine verbindliche Handlungsvorschrift dar. Grundsätzlich schützt das Gesetz alle Tiere, jedoch wird, den Grad des Schutzes betreffend, zwischen bestimmten Klassen von Tieren unterschieden. Die wirbellosen Tiere etwa werden vom Tierschutzgesetz eingeschlossen, jedoch beziehen sich die Einzelbestimmungen hauptsächlich explizit auf Wirbeltiere.

2.4. Zum vernünftigen Grund

Das Tierschutzgesetz hat laut §1 Satz 1 den Zweck sowohl das Wohlbefinden als auch das Leben des Tieres zu schützen. Nach §1 Satz 2 ist es verboten

---

[4] Stiftung für das Tier im Recht (o.J.): Tierschutzrecht –Deutschland. Online im Internet: URL:
http://www.tierimrecht.org/de/tierschutzrecht/deutschland/gesetzgebung.php [Stand 09.06.2016].

Tieren *ohne vernünftigen Grund* Schmerzen, Leiden oder Schäden zuzufügen. Einem Tier dürfen folglich, dem in §1 festegestellten Grundsatz gemäß, beim Vorliegen eines vernünftigen Grundes Schmerzen, Leiden oder Schäden zugefügt werden, einschließlich der Tötung. Die deutsche Bundesregierung teilt in Form einer Unterrichtung im Tierschutzbericht 2003 zur Wendung „vernünftiger Grund" Folgendes mit:

> „Eine Legaldefinition des Begriffs „vernünftiger Grund" gibt es nicht. Der Gesetzgeber bedient sich hier zur Beschreibung seiner Ziele eines unbestimmten Rechtsbegriffs, da die vielfältigen Vorgänge der Lebenswirklichkeit nicht umfassend und abschließend dargestellt werden können.
> Zudem kann durch die offene Tatbestandsformulierung das Tierschutzrecht durch Auslegung und Rechtsprechung weiterentwickelt und gesellschaftlichen Gegebenheiten angepasst werden, ohne dass eine Gesetzesänderung erforderlich wäre."[5]

---

[5] Deutscher Bundestag (2003): Drucksache 15/723 15. Wahlperiode 26.03.2003, Unterrichtung durch die Bundesregierung, Tierschutzbericht 2003. Bericht über den Stand der Entwicklung des Tierschutzes, Zum vernünftigen Grund. Stand: 26.03.2003. Online im Internet: URL: *http://dipbt.bundestag.de/doc/btd/15/007/1500723.pdf* [Stand 09.06.2016], S. 55.

So kann, wie im Weiteren festegestellt, ein vernünftiger Grund für die Tötung eines Tieres dann gegeben sein, wenn „[…] der mit der Tötung verfolgte Zweck, die die Handlung auslösenden Umstände und die Wahrscheinlichkeit des Erfolgseintritts die Handlung des Täters erforderlich machen."[6] Die Abstraktheit der genannten Kriterien sei inzwischen „durch gerichtliche Entscheidungen und wissenschaftliche Stellungnahmen konkretisiert worden."[7] Im Weiteren heißt es in der Unterrichtung:

> „Die vielfältigen Umstände, die Anlass zur Tötung eines Tieres sein können, sind einer allgemeinen Einteilung in rechtswidrige und rechtmäßige Fälle nicht zugänglich. Nur das Abstellen auf den Einzelfall unter Einbeziehung aller für das Tier und seinen Halter wichtigen Faktoren kann zu einer der Situation des in Obhut des Menschen lebenden Tieres angemessenen Entscheidung führen."[8]

---

[6] Deutscher Bundestag, Drucksache 15/723, 2003, S. 55.
[7] Ebd.
[8] Ebd.

3. Tierschutz in der Praxis

3.1. Rechtsgrundlagen

Der Vollzug des Tierschutzgesetzes obliegt den einzelnen Bundesländern beziehungsweise den entsprechenden zuständigen Landesbehörden. Da es sich beim Tierschutzgesetz um einen Teil des Verwaltungsrechtes handelt, „[…] wird die Nutzung von Tieren in vielen Fällen" unter „einen Genehmigungs- und Erlaubnisvorbehalt gestellt".[9] Um ein Tier für bestimmte Zwecke nutzen zu dürfen, bedarf es folglich einer Genehmigung. Dies ist vor allem dann der Fall, wenn die Nutzung als gewerblich zu bezeichnen ist, wie etwa die Zucht von oder der Handel mit Tieren. Um eine Genehmigung zur Nutzung zu erhalten, muss ein entsprechender Antrag bei der zuständigen Behörde gestellt werden. Die Behörde hat dann, sofern die Genehmigung erteilt wird, das Recht diese mit Auflagen zu versehen. Um tierschutzwidriges Verhalten zu verhindern, beinhaltet das Tierschutzgesetz zudem die rechtliche Grundlage für Einzelverbote. In bestimmten Fällen ist es den Behörden daher möglich gegen eine Person, welche gegen einen Paragraphen des Tierschutzgesetzes verstößt, zum Beispiel ein generelles Tierhaltungsverbot zu verhängen. Solche Einzelverbote sind unter anderem in §11b, §12 und §13

---

[9] Deutscher Tierschutzbund e.V. (o.J.): Tierschutzgesetz. Online im Internet: URL:
http://www.tierschutzbund.de/information/hintergrund/recht/tierschutzgesetz.html [Stand 09.06.2016].

vorgesehen. Bei §3 handelt es sich um einen expliziten Verbotsparagraphen, da hier nicht ein Handeln vorgeschrieben, also eine Pflicht auferlegt, sondern ein bestimmtes Handeln untersagt wird.[10]

Die zuständigen Behörden sind nach §16a befugt Maßnahmen zu ergreifen, um die Einhaltung des Tierschutzgesetzes zu gewährleisten. Sie sind zum Beispiel berechtigt Auflagen zu erteilen, um Haltungsbedingungen im Sinne des Tierschutzgesetzes zu verbessern. Im äußersten Fall eines Gesetzesverstoßes seitens des Tierhalters sind die Behörden auch zur Fortnahme des betroffenen Tieres befugt.

Das Tierschutzgesetz sieht lediglich eine Strafvorschrift vor um tierschutzwidriges Verhalten zu ahnden, diese findet sich in §17. Hier heißt es:

„Mit Freiheitsstrafe bis zu drei Jahren oder mit Geldstrafe wird bestraft, wer
1. ein Wirbeltier ohne vernünftigen Grund tötet oder
2. einem Wirbeltier
a) aus Rohheit erhebliche Schmerzen oder Leiden oder
b) länger anhaltende oder sich wiederholende erhebliche Schmerzen oder Leiden zufügt."[11]

---

[10] Vgl. Deutscher Tierschutzbund e.V. (o.J.), Tierschutzgesetz.
[11] § 17 TierSchG.

Ein Verstoß gegen die hier aufgeführten Punkte gilt demzufolge als Straftatbestand. Weitere Regelungen finden sich in §18, in dem festgelegt wird, welche Tatbestände eine Ordnungswidrigkeit darstellen und als solche geahndet werden. Bei der Ahndung von Ordnungswidrigkeiten besteht ebenfalls die Möglichkeit eine Geldbuße zu verhängen, welche sich je nach Tatbestand auf fünftausend bis fünfundzwanzigtausend Euro belaufen kann.[12]

Ein Gesetz zur Verbesserung der Rechtsstellung des Tieres im bürgerlichen Recht existiert seit 1990 im §90a des Bürgerlichen Gesetzbuches. Tiere sind demzufolge nicht als Sachen zu betrachten und durch besondere Gesetze zu schützen. Hervorgehoben wird die Verpflichtung des Menschen zu Schutz und Fürsorge gegenüber dem Tier. Eine tatsächlich herausragende Rechtsstellung des Tieres resultiert hieraus jedoch nicht[13], da „soweit nichts anderes bestimmt ist, (..) im Bürgerlichen Recht die für Sachen geltenden Vorschriften entsprechend auch für Tiere anzuwenden"[14] sind (§ 90a Satz 3 BGB).

Unter dem Begriff „Tierschutzrecht" werden sowohl das Tierschutzgesetz als auch alle, vor dessen Hintergrund erfolgten Rechtsprechungen, zusammengefasst. Das „Tierschutzrecht" umfasst hierbei nicht nur nationale, sondern auch internationale Gesetze

---

[12] § 18 Absatz 4 Satz 1 TierSchG.
[13] Vgl. Deutscher Tierschutzbund e.V. (o.J.): Tierschutz im Bürgerlichen Recht. Online im Internet: URL: http://www.tierschutzbund.de/information/hintergrund/recht/buergerliches-recht.html [Stand 09.06.2016].
[14] Ebd.

und Rechtssprechungen. Auf der internationalen Ebene betrifft es vor allem den Handel mit Tieren oder Tierprodukten.

Basierend auf dem bestehenden Tierschutzgesetz werden seit dessen Inkrafttreten im Auftrag des Bundesministeriums für Ernährung und Landwirtschaft – vormals Bundesministerium für Ernährung, Landwirtschaft und Verbraucherschutz – Gutachten und Leitlinien durch Sachverständige erarbeitet. Diese Gutachten und Leitlinien befassen sich mit Regelungen einzelne Tierarten und Umstände betreffend, wie zum Beispiel die Mindestanforderungen an die Haltung einer bestimmten Tierart. Formal beschreibt ein Gutachten den Ist-Zustand und eine Leitlinie gibt lediglich einen Orientierungsrahmen für das politische oder behördliche Handeln vor. Beide Formen sind daher rechtlich nicht allgemein bindend.

3.2. Die Tierschutzkommission

In §16b des deutschen Tierschutzgesetzes ist festgelegt, dass das Bundesministerium eine Tierschutzkommission zur Unterstützung bei Fragen des Tierschutzes einberuft.[15] „Vor dem Erlass von Rechtsverordnungen und allgemeinen Verwaltungsvorschriften nach diesem Gesetz hat das Bundesministerium die Tierschutzkommission anzuhören."[16] Zusammensetzung, Berufung der Mitglieder, Aufgaben und Geschäftsführung der Tierschutz-

---

[15] Vgl. § 16 Buchstabe b Absatz 1 Satz 1 TierSchG.
[16] Ebd.

kommission werden durch das Bundesministerium geregelt und bedürfen keiner weiteren Zustimmung des Bundesrates.[17] Aufgabe der Tierschutzkommission ist es das Bundesministerium für Ernährung und Landwirtschaft in Fragen des Tierschutzes zu beraten. „Auf Ersuchen des Bundesministeriums nimmt sie zu Fällen grundsätzlicher Bedeutung bei der Genehmigung von Versuchsvorhaben nach §43 Tierschutz-Versuchstierverordnung Stellung."[18]

Die Tierschutzkommission setzt sich aus insgesamt zwölf Mitgliedern zusammen: vier Sachverständigen überregionaler Tierschutzverbände, ein Sachverständiger eines überregionalen Tierhalterverbandes, ein Sachverständiger der Deutschen Forschungsgemeinschaft sowie je ein Wissenschaftler aus den Bereichen Geisteswissenschaften, Verhaltenskunde, Tierhaltung, biomedizinische Grundlagenforschung, Medizin und Veterinärmedizin. Die Mitglieder werden durch das Bundesministerium für einen Zeitraum von vier Jahren berufen. An den Sitzungen der Tierschutzkommission dürfen neben den Mitgliedern auch je ein Beauftragter der Bundesministerien für Wirtschaft und Energie, Bildung und Forschung sowie ein Beauftragter der für das Veterinärwesen zuständigen obersten Landesbehörden teilnehmen. Zudem können von der Tierschutzkommission weitere Sachverständige hinzugezogen werden. Die Geschäftsführung der Tierschutzkommission liegt beim Bundesministerium,

---

[17] Vgl. § 16 Buchstabe b Absatz 1 Satz 1 TierSchG.
[18] § 1 Satz 1 Tierschutzkommissions-Verordnung (TierSchKomV).

welches mindestens jährlich eine Sitzung einberuft.[19] Gemäß §16e des Tierschutzgesetzes erstattet die Bundesregierung dem Bundestag alle vier Jahre Bericht über den Stand des Tierschutzes. In diesen Unterrichtungen wird regelmäßig die Arbeit der Tierschutzkommission dargestellt.[20]

3.3. Der deutsche Tierschutzbund

Als Dachorganisation deutscher Tierschutzvereine und Tierheime wurde 1881 die Organisation *Deutscher Tierschutzbund* gegründet, „[…] um dem Missbrauch von Tieren wirksamer entgegentreten zu können."[21]

Der *Deutsche Tierschutzbund* ist keine staatliche Institution, sondern ein eingetragener Verein (e.V.), der sich für die Interessen der Tiere einsetzt. Finanziert werden der *Deutsche Tierschutzbund* und dessen Arbeit zum Großteil durch Mitgliedsbeiträge, Spenden, Erbschaften und Kapitalerträge. In

---

[19] §§ 2, 3 Absatz 1 Satz 1, 5, 6, 7 TierSchKomV.

[20] Vgl. MEYER ZU HERINGDORF, MRn, Katja (2011): Aktueller Begriff. Die Tierschutzkommission beim Bundesministerium für Ernährung, Landwirtschaft und Verbraucherschutz. Fachbereich WD 5, – Wirtschaft und Technologie, Ernährung, Landwirtschaft und Verbraucherschutz, Tourismus. Wissenschaftliche Dienste – Deutscher Bundestag. Online im Internet: URL: *https://www.bundestag.de/blob/191676/c2cd122ffded3d0707a20dca12e774aa/tierschutzkommission-data.pdf* [Stand 16.06.2016].

[21] Deutscher Tierschutzbund e.V. (o.J.): Selbstdarstellung. Online im Internet: URL: *http://www.tierschutzbund.de/organisation/selbstdarstellung.html* [Stand 14.06.2016].

Teilbereichen erhält der Verband auch eine - jedoch geringe - öffentliche Förderung.[22] Gegenwärtig sind dem *Deutschen Tierschutzbund* sechzehn Landesverbände sowie mehr als 740 regionale Tierschutzvereine mit über 550 Tierheimen und Auffangstationen angeschlossen. Die Zahl der Mitglieder beläuft sich auf mehr als 800.000 Mitglieder. Der *Deutsche Tierschutzbund* ist damit, eigenen Angaben zufolge, die größte Tier- und Naturschutzorganisation Europas.[23]

Aufgaben und Ziele des *Deutschen Tierschutzbundes* sind §2 dessen Satzung zu entnehmen, in dem eingangs festgestellt wird, dass der Verein dem gesamten Tier- und Naturschutz dient und unter anderem folgende Aufgaben und Ziele hat:

„1. Pflege und Förderung des Tier-
und Naturschutzgedankens.
2. Fortentwicklung des nationalen
und internationalen Tier- und
Naturschutzrechtes.
3. Tierschutzgerechte
Weiterentwicklung von Wissenschaft
und Forschung, insbesondere bei der
Auffindung von Methoden zum Ersatz
von Tierversuchen sowie Grundlagen-

---

[22] Deutscher Tierschutzbund e.V. (o.J.): Finanzen. Haushalt 2014. Online im Internet: URL: *http://www.tierschutzbund.de/fileadmin/user_upload/Downloads/Organisation/Geschaeftsbericht_2014.pdf* [Stand 14.06.2016].
[23] Deutscher Tierschutzbund e.V. (o.J.): Selbstdarstellung.

forschung für Wildtiere und artgerechte Tierhaltungen in der Nutz-, Zoo- und Heimtierhaltung.

4. Der Deutsche Tierschutzbund e.V. kann zur Erfüllung seiner Aufgaben und Zielsetzungen Gnadenhöfe, Rettungs- und Forschungsstationen und Tierheime, die sowohl dem praktischen Tier- und Artenschutz als auch der wissenschaftlichen Forschung dienen, unterhalten oder sich daran beteiligen.

5. Bekämpfung jeglichen Missbrauchs der Tiere.

6. Interessenvertretung von Tier und Natur gegenüber den nationalen und internationalen Parlamenten, Behörden und Institutionen.

7. Zusammenarbeit mit anderen Organisationen, die Tieren und der Natur verbunden sind, sofern sie nicht gegen die Zielsetzungen des Deutschen Tierschutzbundes e.V. verstoßen.

8. Fachliche Beratung der Mitgliedsvereine und die Mithilfe bei gemeinsamen Zielsetzungen.

9. Beratung und fachliche Unterstützung der Landesverbände und deren Geschäftsstellen. Hauptamtlich geführte Geschäftsstellen der Landesverbände können durch den Deutschen Tierschutzbund e.V. gefördert und/oder im Einvernehmen mit dem

jeweiligen Landesverband eingerichtet werden.

10. Vertretung der Belange des Deutschen Tierschutzbundes e.V. durch aktive Mitwirkung in internationalen Tier- und Naturschutzorganisationen und Gremien.

11. Verbreitung des Tier- und Naturschutzgedankens in Wort, Schrift und Bild.

12. Verbreitung des Tier- und Naturschutzgedankens bei der Jugend und Förderung der Jugendtierschutzarbeit. […]."[24]

Aus den genannten Aufgaben und Zielsetzungen geht hervor, dass der *Deutsche Tierschutzbund* sich, obgleich er keine staatliche Institution ist, politisch engagiert. Die praktische Umsetzung der erklärten Ziele erfolgt vor allem durch verschiedene Tierschutzprojekte.

Unter anderem ist hier die *Akademie für Tierschutz* zu nennen. Hier arbeiten Wissenschaftler und Wissenschaftlerinnen „[…] aus den Bereichen Biologie, Tiermedizin und Recht", welche sich „fundiert mit den Tierschutzproblemen in unserer

---

[24] Deutscher Tierschutzbund e.V. (2015): Satzung Deutscher Tierschutzbund e.V. i.d.F. vom 12.09.2015. Online im Internet: URL: *http://www.tierschutzbund.de/fileadmin/user_upload/Downloads/Organisation/Satzung_DTSchB_2015.pdf* [Stand 14.06.2016].

Gesellschaft [...]"[25] befassen. Erarbeitet werden „[...] die Grundlagen für die Ausrichtung der Tierschutzarbeit in Deutschland und Europa."[26] Die *Akademie für Tierschutz* engagiert sich besonders für eine tierversuchsfreie Forschung und entwickelt diese auch selbst weiter.

Neben der praktischen Tierschutzarbeit in verschiedenen Projekten organisiert der *Deutsche Tierschutzbund* zudem Kampagnen und Aktionen. Hintergrundinformationen, Unterschriftenlisten und Kontaktadressen von Politikern werden Interessierten hierbei online zur Verfügung gestellt.

In Bezug auf das Deutsche Tierschutzgesetz fordert der *Deutsche Tierschutzbund* im Rahmen einer bereits seit einigen Jahren geführten Kampagne eine Erneuerung des selbigen. Die Kampagne trägt den Titel „Für ein neues Tierschutzgesetz" und wirbt um Unterstützung mit den Worten: „Das deutsche Gesetz ist grausam. [...] Tiere leiden wie wir."[27]

Vor der am 13. Juli 2013 in Kraft getretenen Änderung des Tierschutzgesetzes hatte der *Deutsche Tierschutzbund* „[...] konkrete Eckpunkte zu einer Novellierung des Tierschutzgesetzes erarbeitet, die

---

[25] Deutscher Tierschutzbund e.V. (o.J.): Akademie für Tierschutz. Online im Internet: URL: http://www.tierschutzbund.de/organisation/einrichtungen/akademie-fuer-tierschutz.html [Stand 14.06.2016].

[26] Ebd.

[27] Deutscher Tierschutzbund e.V. (o.J.): Für ein neues Tierschutzgesetz. Online im Internet: URL: *http://www.tierschutzbund.de/kampagne-tierschutzgesetz.html* [Stand 16.06.2016].

helfen sollten, damit die Würde und der Eigenwert der Tiere endlich anerkannt und geschützt werden."[28]

Gefordert wurde eine umfassende Novellierung des Tierschutzgesetzes, einschließlich der Einführung eines so genannten Verbandsklagerechts für seriöse, gemeinnützige Tierschutzverbände. Die Verbandsklage wurde bereits in den Bundesländern Bremen, Hamburg, Nordrhein-Westfalen, Saarland, Rheinland-Pfalz, Schleswig-Holstein und Baden-Württemberg eingeführt. Der *Deutsche Tierschutzbund* setzt sich weiterhin für ein „[…] einheitliches Tierschutz-Klagerecht für ganz Deutschland […]"[29] ein. Das Verbandsklagerecht soll vor Gericht ein Eintreten der entsprechenden Tierschutzverbände im Interesse der Tiere ermöglichen.

Der *Deutsche Tierschutzbund* bewertet das Tierschutzgesetz als nach wie vor unzureichend:

> „Unter dem Strich weisen das Tierschutzgesetz und sein Vollzug erhebliche Mängel auf. Zum einen sind die Vorschriften des Gesetzes und nachgeordneten Regelungen oft unvollständig, auslegungsbedürftig, das heißt, unklar oder der Schutz, der den Tieren gewährt wird, ist schlicht nicht ausreichend um ihr Wohlbefinden sicherzustellen.

---

[28] Deutscher Tierschutzbund e.V. (o.J.): Für ein neues Tierschutzgesetz.
[29] Ebd.

Hinzu kommt, dass es zwar möglich ist, tierschutzwidrige Zustände bei der Behörde/Polizei anzuzeigen und um deren Einschreiten zu ersuchen. Eine Möglichkeit die Vorschriften des Gesetzes direkt vor Gericht durchzusetzen, haben Tierschützer jedoch nicht. Wenn die Behörden nicht eingreifen, bleiben die Tiere schutzlos. Daher fordern wir ein Verbandsklagerecht im Tierschutz.

Auch nach der Änderung des Tierschutzgesetzes – die der Bundestag 2012 beschlossen hat und das am 13. Juli in Kraft getreten ist – bleibt es eher ein „Tiernutzgesetz": Das ursprüngliche geplante Schenkelbrandverbot bei Pferden wurde gestrichen, die unbetäubte Kastration von Ferkeln soll noch bis 2019 erlaubt sein. Auch die Spielräume, die die EU-Tierversuchsrichtlinie bot, wurden nicht genutzt. In dem Gesetzesentwurf ist weder die Förderung von Alternativmethoden zu Tierversuchen festgeschrieben, noch gibt es ein konsequentes Verbot von Versuchen an Menschenaffen."[30]

---

[30] Deutscher Tierschutzbund e.V. (o.J.): *Tierschutzgesetz*.

In den Übergangs- und Schlussvorschriften des Tierschutzgesetzes finden sich zum Schenkelbrand bei Pferden und zur betäubungslosen Kastration von Ferkeln folgende Angaben:

> „Bis zum Ablauf des 31. Dezember 2018 ist abweichend von § 5 Absatz 1 Satz 1 eine Betäubung nicht erforderlich für die Kennzeichnung von Pferden durch Schenkelbrand."[31]

Es wurde folglich das ursprünglich geplante Verbot von Schenkelbränden zur Kennzeichnung von Pferden nicht in die neue Fassung des Gesetzes aufgenommen und zudem auch das Erfordernis einer Betäubung vor dem Brand bis auf Weiteres ausgeschlossen.

Zur Kastration von Ferkeln heißt es an dieser Stelle:

> „Bis zum Ablauf des 31. Dezember 2018 ist abweichend von § 5 Absatz 1 Satz 1 eine Betäubung nicht erforderlich für das Kastrieren von unter acht Tage alten männlichen Schweinen, sofern kein von der normalen anatomischen Beschaffenheit abweichender Befund vorliegt. Die Bundesregierung erstattet dem Deutschen Bundestag spätestens bis zum 31. Dezember 2016 einen Bericht

---

[31] § 21 Absatz 1 Buchstabe a Satz 1 TierSchG.

über den Stand der Entwicklung alternativer Verfahren und Methoden zur betäubungslosen Ferkelkastration."[32]

Am Beispiel der, in der Kampagne „Für ein neues Tierschutzgesetz" vorgebrachten Argumentation, wird deutlich, dass ein tierethischer Standpunkt vertreten wird. Der aktive Tierschutz – hier in Form des *Deutschen Tierschutzbundes* – untersteht in seinen Handlungsmöglichkeiten den gesetzlichen Vorgaben des Tierschutzgesetzes. Seine Forderungen und Ziele basieren allerdings nicht auf den vorhandenen rechtlichen Regelungen, sondern auf tierethischen Aspekten.

---

[32] § 21 Absatz 1 Satz 1 und 2 TierSchG.

4. Tierethik

Ethik ist die Lehre vom sittlichen Verhalten und umfasst an der Verantwortung für den Mitmenschen orientierte Normen und Prinzipien menschlichen Zusammenlebens. Sie hat somit lediglich die zwischenmenschlichen Belange zum Gegenstand. Die Tierethik ist ein Teilbereich der anwendungsbezogenen Ethik, der sich mit dem richtigen Handeln des Menschen gegenüber Tieren, sowie mit der Reflexion der philosophisch-ethischen Basis des Tierschutzes beschäftigt. Der moralische Status der Tiere, sowie ihre Schutzwürdigkeit stehen im Fokus der Tierethik. Im Gegensatz zur rein anthropozentrischen Ethik erhalten hier also auch die Tiere einen moralischen Status. Die Schutzwürdigkeit der Tiere soll dabei nicht im Nutzen des Schutzes für den Menschen begründet sein, sondern die Tiere sollen um ihrer selbst willen geschützt werden. Begründen lassen sich tierethische Positionen durch die biologische Verwandtschaft der Tiere mit dem Menschen und die damit einhergehenden Parallelen in verschiedenen Bereichen – wie etwa Bewusstsein und Kognition – und vor allem auch durch die nachweisliche Schmerz- und Leidensfähigkeit von Tieren. Anthropozentrisch ist jedoch auch die Tierethik, da die Tiere selbst nicht moralisch agieren können und somit nur das moralische Handeln der Menschen gegenüber den Tieren in den Blick genommen werden kann.[33]

---

[33] HILDT, Elisabeth (2008): Tierethik. In Bundeszentrale für

4.1. Geschichte

Anliegen des Tierschutzes fanden bereits im Codex Hammurapi um 1700 vor Chr. Erwähnung, was zeigt, dass die Geschichte des Tierschutzes sehr weit zurückreicht. Die in der genannten Sammlung König Hammurapis` von Babylon gefundenen Einträge befassen sich mit der Regelung des Verhältnisses von Menschen und Tieren. Nicht jedoch der Schutz des Tieres steht im Vordergrund, sondern die Anliegen des Halters. Die Tiere wurden folglich nicht um ihrer selbst willen geschützt, sondern unter Gesichtspunkten des menschlichen Interesses. Diese anthropozentrische Haltung im Bereich des Tierschutzes setzte sich bis ins 17. Jahrhundert fort.[34]

Auch wenn sich Vorläufer der Tierethik in Form von tierethischen Argumenten bereits in der Antike und früher finden, entwickelte sich eine eigenständige Tierethik erst in der Neuzeit. Ausgehend von der cartesianischen Tierautomatentheorie und dem Aufstieg der experimentellen Naturwissenschaften bildeten sich im 17. Jahrhundert zum einen die Tierversuchsdiskussion unter Ärzten und Naturforschern, zum anderen die Tierseelendiskussion unter Philosophen und Theologen heraus. Der

---

politische Bildung: Dossier Bioethik. URL: *http://www.bpb.de/themen/69E9GW,0,0,Tierethik.html* [Stand 12.10.2011, online aktuell nicht mehr verfügbar].

[34] TTN Ethik interdisziplinär (o.J.): Tierschutz und Tierethik. Institut Technik-Theologie-Naturwissenschaften an der Ludwig-Maximilians Universität München. Online im Internet: URL: *http://www.ttn-institut.de/node/106* [Stand 09.06.2016].

philosophische Ansatz beschäftigte sich unter anderem mit der Empfindungsfähigkeit der Tiere. Im 18. Jahrhundert wurde der Sinnlichkeit der Seele eine besondere Bedeutung beigemessen, was den Juristen und Philosophen Jeremy Bentham dazu veranlasste die Frage nach der Leidensfähigkeit der Tiere zu stellen.[35] Benthams Moralphilosophie besagt, dass allen leidensfähigen Wesen moralische Rücksicht zukommen muss. Die Empfindungs- und Leidensfähigkeit wurde damit zu einem moralischen Kriterium, von dem auch Tiere betroffen sind. Tierschutz und Tierethik wurden seither durch Benthams Ethik geprägt.[36] Im 19. Jahrhundert institutionalisierte sich die Tierschutzbewegung, wobei sich in Deutschland die Tierethik- und Tierrechtsbewegung zunächst vor allem unter dem Einfluss Kants, gefolgt von der Mitleidsethik Schopenhauers, entwickelte. Albert Schweitzer entwickelte, inspiriert von Schopenhauer, die „Ethik der Ehrfurcht vor dem Leben". Nach dem zweiten Weltkrieg wurden die Massentierhaltung in der industriellen Landwirtschaft und Tierversuche zum Thema für die Tierrechtsbewegung[37], deren zentrales Kriterium, nach wie vor auf Benthams Ethik basierend, das Vermeiden von Leiden, Schmerzen,

---

[35] Vgl. BARANZKE, Heike (2002): Tierethik. In DÜWELL, Marcus, HÜBENTHAL, Christoph, WERNER, Micha H. (Hrsg.): Handbuch Ethik. 2. überarbeitete Auflage 2006, J.B. Metzler, Stuttgart, 288- 291, S. 288.
[36] Vgl. TTN Ethik interdisziplinär, *Tierschutz und Tierethik*.
[37] Vgl. BARANZKE, 2002, S. 288.

Schäden, Angst und Stress war. Diese Kriterien sind für den heutigen Tierschutz weiterhin grundlegend.[38]

4.2. Positionen in der Tierethik und ihre Vertreter

Unterscheiden lassen sich die verschiedenen tierethischen Ansätze nach der Begründung für die Zuschreibung von Schutzwürdigkeit, basierend auf unterschiedlichen Eigenschaften der Tiere.[39] Innerhalb der neueren tierethischen Diskussion finden sich verschiedene Herangehensweisen, welche sich mehr oder weniger stark voneinander unterscheiden. Im Folgenden sollen einige tierethische Positionen vorgestellt werden, deren grobe Unterteilung in die Kategorien Utilitarismus, Theorie moralischer Rechte, Mitleidsethik, Tugendethik sowie Kontraktualismus in Anlehnung an das Buch „Texte zur Tierethik" von Ursula Wolf erfolgt. Hinzu kommt die „Einfache Ethik" von Helmut F. Kaplan sowie zwei theologische Ansätze.

4.2.1. Utilitaristische Position
Peter Singer: Gleichheitsprinzip

Der australische Philosoph und Ethiker Peter Singer gilt als prominenter Repräsentant der Tierrechtsbewegung.

Den von ihm vertretenen utilitaristischen Ansatz für die Tierethik begründet Singer indem er grundsätzlich davon ausgeht, dass moralische Urteile

---

[38] Vgl. TTN Ethik interdisziplinär, *Tierschutz und Tierethik*.

von einem universalen Standpunkt aus zu treffen seien, was zugleich bedeute, dass nicht nur die eigenen Interessen, sondern genauso die Interessen anderer zu berücksichtigen seien. Moralisches Denken bringe die Berücksichtigung der Interessen all derer mit sich, die von der moralisch zu bewertenden Handlung betroffen seien.[40] „Die utilitaristische Position ist", so Singer, „eine minimale, eine erste Grundlage, zu der wir gelangen, indem wir den vom Eigeninteresse geleiteten Entscheidungsprozeß universalisieren."[41] Diese Universalisierung sei als grundlegend für das moralische Denken anzusehen. Das Prinzip der gleichen Interessenberücksichtigung sei gleichzusetzen mit dem anerkannten Grundprinzip der Gleichheit unter den Menschen. Singer ist der Ansicht, dass sich dieses Gleichheitsprinzip nicht auf Menschen beschränken lässt, sondern gleichermaßen auch auf nicht-menschliche Lebewesen ausgeweitet werden muss.[42]

> „Ich schlage […] vor, dass wir, wenn wir das Prinzip der Gleichheit als eine vernünftige moralische Basis für unsere Beziehungen zu den Mitgliedern unserer Gattung akzeptiert haben, auch verpflichtet sind, es als eine vernünftige moralische Basis für unsere Beziehungen

---

[40] Vgl. SINGER, Peter (2008): Rassismus und Speziesismus. In WOLF, Ursula (Hrsg.): Texte zur Tierethik. Reclams Universal-Bibliothek, Stuttgart, 25-32, S. 25f..
[41] Ebd., S. 27.
[42] Ebd., S. 27f..

zu denen außerhalb unserer Gattung anzuerkennen – den nichtmenschlichen Lebewesen."[43]

„Nichtmenschliche Lebewesen" ist hierbei die Übersetzung für „non-human animals", was bedeutet, dass lediglich empfindungsfähige Tiere und nicht etwa auch Pflanzen gemeint sind.[44]

Um seine These, dass das Gleichheitsprinzip auch auf Tiere anzuwenden ist, zu stützen, zeigt Singer Parallelen des „Speziesismus", also der Unterdrückung von anderen Spezies, zum Rassismus und Sexismus auf. Während die beiden letzteren „[...] zu den wichtigsten moralischen und politischen Fragen (...) zählen, die heute die Welt bedrängen", herrsche „ein verbreitetes Vorurteil dagegen (...), die Interessen von Tieren ernst zu nehmen [...]".[45] Dieses Vorurteil sei jedoch nicht besser begründet, als es zum Beispiel das der Sklavenhalter, die die Interessen ihrer Sklaven nicht ernst nahmen, gewesen sei. Das Prinzip der gleichen Interessenberücksichtigung beinhaltet die Notwendigkeit die Rücksicht auf die Interessen anderer nicht davon abhängig zu machen, „[...] was sie sind oder welche Fähigkeiten sie haben."[46] Vor diesem Hintergrund, so Singer, ließe sich zunächst feststellen, dass die Zugehörigkeit von Menschen zu einer anderen Rasse oder die Tatsache, dass manche

---

[43] SINGER, 2008, S. 28.
[44] Vgl. ebd., S. 28.
[45] Ebd.
[46] Ebd., S. 29.

Menschen weniger intelligent sind, uns nicht dazu berechtige diese auszubeuten oder ihre Interessen zu missachten. Ferner ließe sich aus dem Prinzip der gleichen Interessenberücksichtigung genauso auch ableiten, dass weder die Zugehörigkeit bestimmter Wesen zu einer anderen Gattung noch ihre schwächere Intelligenz, uns berechtigten diese auszubeuten oder ihre Interessen zu missachten.[47]

Welchen Wesen Interessen zuzusprechen sind, die folglich im Zuge der gleichen Interessenberücksichtigung zu beachten sind, ist laut Singer am, von Jeremy Bentham aufgestellten, Kriterium der Empfindungsfähigkeit zu ermitteln. Der Terminus Empfindungsfähigkeit sei hierbei eine Abkürzung für die Fähigkeit Leid oder Freude beziehungsweise Glück zu empfinden. Die Grenze der Empfindungsfähigkeit sei, im Gegensatz zu etwa Hautfarbe, Geschlecht oder Spezies, die einzig vertretbare in Bezug auf die Notwendigkeit von Interessenberücksichtigung.[48] „Wenn ein Wesen leidet, kann es keine moralische Rechtfertigung dafür geben, sich zu weigern, dieses Leiden zu berücksichtigen."[49] Vergleichbar mit dem Rassisten, der den Interessen seiner Rasse größeres Gewicht beimesse als denen einer anderen Rasse, stelle der Speziesist seine Interessen über die von anderen leidensfähigen Spezies. Das Argument dafür, das Gleichheitsprinzip auch auf die Tiere auszudehnen, werde allein hierin

---

[47] Vgl. SINGER, 2008, S. 29.
[48] Ebd., S. 30f..
[49] Ebd., S. 31.

deutlich. Singer räumt jedoch ein, dass das Prinzip der Gleichheit in der praktischen Umsetzung durchaus problematisch sein könne.[50]

4.2.2. „Einfache Ethik"
Helmut F. Kaplan: Theorie und Praxis

Der österreichische Philosoph und Autor Helmut F. Kaplan gilt als radikaler Vertreter der Tierrechtsbewegung. In diesem Zusammenhang setzt er sich, ausgehend von den Positionen Peter Singers, Arthur Schopenhauers und Tom Regans, vorrangig mit Tierrechten und mit Tierethik auseinander. Aufgrund seiner Radikalität ist Kaplan nicht unumstritten.

An Singers Tierethik kritisiert Kaplan, dass Utilitarismus und Gleichheitsprinzip insofern nicht miteinander zu vereinbaren seien, als sie oft zu gegenteiligen Konsequenzen führten. Der utilitaristische Standpunkt ermögliche unter anderem die ethische Legitimation des Fleischkonsums, welche der moralischen Forderung einer vegetarischen Ernährung entgegenstehe. Ebenso ließen sich weitere Praktiken, wie zum Beispiel das Veranstalten von Stierkämpfen, utilitaristisch durchaus begründen.[51]

---

[50] Vgl. SINGER, 2008, S. 31f..

[51] KAPLAN, Helmut F. (o.J.): Tierrechte und Utilitarismus - Singer stellt klar, Tierversuche abzulehnen. Tierrechte & Ethik (Helmut F. Kaplan). Online im Internet: URL: *http://www.tierrechte kaplan.org/kompendium/a364.htm* [Stand 09.06.2016].

Auch an der Philosophie Tom Regans übt Kaplan Kritik, da sie zu kompliziert sei um die Menschen zu erreichen.

Ausgehend von seiner Kritik an bestehenden tierethischen Positionen, ist es Kaplans Anliegen eine „Einfache Ethik" zu entwickeln. Entgegen der, so Kaplan, verbreiteten Auffassung, dass Philosophie und Ethik überflüssig seien und es im Tierschutz nur auf die Praxis ankomme, betont er, dass Ethik und Philosophie erst die Praxis ermöglichten. Ausgehend von diesem Standpunkt plädiert Kaplan für eine Erarbeitung von Fakten und Argumenten auf der wissenschaftlichen Ebene, eine anschließende fachliche Fundierung selbiger und schließlich die allgemeinverständliche Vermittlung. Philosophische Konzepte sollen für die Realität nutzbar gemacht werden. Dieses Vorgehen ermögliche es vor einem philosophischen und ethischen Hintergrund, reale Veränderungen in der Welt zu erreichen.

Eine Grundlage für die Verwirklichung von Tierrechten ist demzufolge die „Übersetzung" philosophischer Konzepte. Eine weitere notwendige Grundlage sieht Kaplan in der theoriearmen „Ad-hoc-Argumentation", bei der es darum geht, an die eigenen moralischen Positionen der Menschen zu appellieren. Jeder moralische Mensch müsse das offenkundig unmoralische Verhalten der Menschen gegenüber den Tieren intuitiv ablehnen. Vom moralischen Standpunkt eindeutig: „Tiere brauchen Rechte. Moralische Rechte und juristische Rechte. Denn nur dann kann ihr schreckliches Schicksal verbessert werden."

Die Grundlagenarbeit der Tierethik für die Praxis, sei umso wichtiger als sich einige „[…] europäische Tierrechtsphilosophen […] mittlerweile vom emanzipatorischen Engagement verabschiedet haben und die angelsächsischen Tierrechtspioniere […] an Akzeptanz und Überzeugungskraft verloren haben […]."[52] Seine Argumentation sowie auch seine Kritik veranschaulicht Kaplan metaphorisch:

> „Es wäre ein verhängnisvoller Fehler zu glauben, dass man langfristig quasi im ersten Stock erfolgreich praktisch arbeiten könnte, während im baufälligen philosophischen Erdgeschoß die Arbeiten vernachlässigt, behindert und boykottiert werden."[53]

Die „Einfache Ethik" nach Kaplan soll eine Praxistauglichkeit der Theorie mit sich bringen, indem sie diese auf ein intuitiv verständliches Niveau für alle in der Praxis handlungsfähigen Menschen bringt.

---

[52] KAPLAN, Helmut F. (o.J.): Wozu Tierrechtsphilosophie?. Tierrechte & Ethik (Helmut F. Kaplan). Online im Internet: URL: *www.tierrechte-kaplan.org/kompendium/a294.htm* [Stand 09.06.2016].
[53] Ebd.

4.2.3. Theorie moralischer Rechte
Tom Regan: Moralische Rechte für Tiere

Der amerikanische Philosoph und Tierrechtler Tom Regan vertritt die Ansicht, dass Tieren die gleichen Rechte zukommen wie Menschen. Er wendet sich damit klar gegen den Speziesismus.

Die Aussage, dass Tieren Rechte zukommen begründet er in seinem so genannten „Rechts-Ansatz", welchen er in Abhebung von anderen Theorien entwickelt. Regan schließt hierbei bereits bestehende Theorien durch die Widerlegung ihrer Argumente aus:

Der Kontraktualismus oder „Indirekte-Pflichten-Ansatz" schließe Tiere von einer rechtlichen Berücksichtigung in gleicher Weise aus wie kleine Kinder oder geistig behinderte Menschen, da sie allesamt nicht in der Lage sind, in einen Vertrag einzuwilligen oder diesen zu unterzeichnen. Die Unfähigkeit dies zu tun, setze die entsprechenden Individuen einer legitimen Diskriminierung aus, sofern diese im Interesse der Vertragsbeteiligten liege. Weder Tiere noch aber auch bestimmte Menschen hätten somit einen Anspruch auf vertraglich gesicherte Rechte. Lediglich die Vertragspartner könnten nach ihrem Ermessen so genannte „indirekte Pflichten" gegenüber nicht vertragsbeteiligten Individuen vereinbaren. Der Kontraktualismus verleihe Recht durch Macht und ebne den Weg für jedwede Ungerechtigkeit gegenüber Schwächeren oder nicht am Vertrag beteiligten[54]:

> „Das Ergebnis ist, dass dieser moralische Ansatz die eklatantesten Formen sozialer, wirtschaftlicher, moralischer und politischer Ungerechtigkeit sanktionieren könnte, von einem repressiven Kasten-System bis hin zu systematischer ethnischer oder geschlechtlicher Diskriminierung."[55]

Die Mitleidsethik, bei Regan „Ansatz der Grausamkeit und der Freundlichkeit", sei ebenfalls zu verwerfen, da moralisch richtiges oder moralisch falsches Handeln nicht anhand von Tugend oder Untugend ermittelt werden könne. Für Freundlichkeit und gegen Grausamkeit zu sein und dementsprechend zu handeln bedeute nicht, dass die Motive hinter der Handlung auch tatsächlich moralisch richtig seien.[56]

Wie bereits der Kontraktualismus und die Mitleidsethik so ist, Regan zufolge, auch der Utilitarismus abzulehnen. Der zentrale Einwand gegen den Utilitarismus liege dabei in dessen Prinzip der

---

[54] Vgl. REGAN, Tom (1997): Wie man Rechte für Tiere begründet. In KREBS, Angelika (Hrsg.): Naturethik – Grundtexte zur gegenwärtigen tier- und ökoethischen Diskussion. Suhrkamp Verlag (= Taschenbuch Wissenschaft), Frankfurt am Main, 33-46, S. 33ff..
[55] Ebd., S. 35.
[56] Vgl. ebd., S. 37f..

Nutzenabwägung. Auch wenn das Gleichheitsprinzip vorausgesetzt wird, erfolgt die moralische Beurteilung einer Handlung letztendlich vor dem Hintergrund der Nützlichkeit. Der Utilitarismus schließe zwar auf den ersten Blick durch die Gleichgewichtung aller Interessen, also durchaus auch derer der Tiere, eine Diskriminierung einzelner Individuen aus, ermögliche jedoch durch die Gesamtnutzenabwägung letzten Endes durchaus die Benachteiligung eines Individuums. So ließen sich leicht Beispiele für Handlungen finden, die sogar zum Tod eines Individuums führen, welche aber im Sinne der utilitaristischen Nutzenabwägung als moralisch richtig zu beurteilen seien. Die moralische Pflicht könne somit ein Handeln erfordern, das objektiv betrachtet falsch sei, wie etwa ein Mord, von dem viele andere Individuen profitieren.[57]

> „Der gute Zweck heiligt nicht das schlechte Mittel. Eine adäquate Moraltheorie muss erklären, warum das so ist. Der Utilitarismus versagt in dieser Beziehung und kann somit nicht die Theorie sein, die wir suchen."[58]

Ausgehend von seiner Kritik am Utilitarismus entwirft Regan den „Rechts-Ansatz". Hierzu solle beim Nicht-Vorhandensein des Wertes des Individuums im Utilitarismus angesetzt werden. Im

---
[57] Vgl. REGAN, 1997, S. 38ff..
[58] Ebd., S. 41.

Unterschied dazu solle davon ausgegangen werden, dass jedes Individuum einen inhärenten Wert habe. Anschließend müsse auch davon ausgegangen werden, dass dieser inhärente Wert jedem Individuum in gleichem Maße innewohnt, unabhängig von Rasse, Geschlecht, Intelligenz und auch Spezies. Aus dieser Annahme resultiere, dass jedes Individuum das gleiche Recht hat, mit Respekt behandelt zu werden. Kein Individuum dürfe auf den Status eines Dinges oder einer Ressource für andere reduziert werden. Der inhärente Wert eines Individuums solle also auch unabhängig von dessen Nützlichkeit für andere sein. Daraus folgt[59]:

> „Wenn wir den anderen auf eine Art behandeln, die keinen Respekt für den unabhängigen Wert des anderen zeigt, handeln wir unmoralisch, verletzen wir die Rechte des Individuums."[60]

Die rationalen Vorzüge dieser Moraltheorie verdeutlicht Regan in Abhebung von den zuvor diskutierten Ansätzen. Im Unterschied zum Kontraktualismus ermögliche der „Rechts-Ansatz" keine Diskriminierung, im Gegensatz zum Utilitarismus bestehe nicht die Gefahr, dass der gute Zweck die schlechten Mittel heilige.

Die Begründung, warum der „Rechts-Ansatz" die Tiere mit einschließen müsse, liegt, Regan zufolge, in

---

[59] Vgl. REGAN, 1997, S. 41.
[60] Ebd.

einer grundlegenden Gemeinsamkeit von Menschen und Tieren, die nicht von der Hand zu weisen sei[61]:

> „Jeder von uns ist das empfindende Subjekt eines Lebens (experiencing subject of a life), eine bewusste Kreatur mit einem individuellen Wohl, das für uns von Bedeutung ist, unabhängig davon, wie nützlich wir für andere sein mögen."[62]

Als Kriterium dafür ein „Subjekt eines Lebens" zu sein, gibt Regan einige Eigenschaften an, welche er, sowohl bei Menschen als aber auch bei Tieren, vorhanden sieht: Annahmen, Wünsche, Wahrnehmungen, Gedächtnis, Emotionen, Zukunftsvorstellungen, Präferenz- und Wohlfahrtsinteressen, psychologische Eigenidentität in der Zeit und die Fähigkeit selbstständig Handlungen zu initiieren. Regan schreibt neben den Menschen auch den Tieren eine „Präferenz-Autonomie" zu, da sie die Fähigkeit besitzen, im Hinblick auf die Verwirklichung von Wünschen, Handlungen in Gang zu setzen. Er weitet damit den kantischen Autonomiebegriff auf nicht vernunftbegabte Wesen aus. Diese haben, Regan zufolge, somit auch einen „Zweck an sich", also einen Selbstzweck. Im Gegensatz zu Singer schreibt er

---

[61] Vgl. REGAN, 1997, S. 42.
[62] Vgl. ebd.

Tieren hierbei nicht nur Interessen, sondern auch moralische Rechte zu.[63]

Tieren abzusprechen, sie seien „Subjekte eines Lebens" könne nur aus einem eklatanten Speziesismus heraus begründet werden. Zudem müsste dies notwendig auch dazu führen, dass kleinen Kindern oder geistig behinderten Menschen abgesprochen werde, Subjekte eines Lebens zu sein. Um zur besten Theorie der Pflichten untereinander, also unter den Menschen zu gelangen, müsse der gleiche inhärente Wert eines jeden Individuums anerkannt werden. Infolge dessen wiederum „[...] zwingt uns die Vernunft – nicht die Empfindung oder Gefühlsregung – dazu, den gleichen inhärenten Wert auch" der „Tiere anzuerkennen und damit ihr gleiches Recht, mit Respekt behandelt zu werden."[64]

Aus seiner Theorie ergeben sich für Regan notwendigerweise kompromisslose Forderungen für die Praxis. Es reiche nicht, die Nutzung von Tieren zu reduzieren oder die Bedingungen zu verbessern, vielmehr könne die einzig moralisch richtige Handlungsweise sein:

Tierversuche, die kommerzielle Nutztierhaltung sowie Jagd und Fallenstellerei ohne Ausnahme abzuschaffen.[65]

---

[63] WALZ, Norbert (2007): Kritische Ethik der Natur. Ein pathozentrisch-existenzphilosophischer Beitrag zu den normativen Grundlagen der kritischen Theorie. Verlag Königshausen & Neumann GmbH, Würzburg, S. 240f..
[64] REGAN, 1997, S. 44.
[65] Vgl. ebd., S. 45f..

4.2.4. Mitleidsethik
Ursula Wolf: Die Moral universalen Mitleids

Die deutsche Philosophin Ursula Wolf beschäftigt sich unter anderem mit Handlungstheorien und Ethik, vor allem auch in Bezug auf Tierethik.

Wolfs tierethischer Ansatz basiert auf der Betrachtung bereits existierender Überlegungen. Ähnlich wie Tom Regan nutzt sie die Kritik an den bestehenden Positionen als Ausgangspunkt für den Entwurf eines eigenen tierethischen Standpunktes. Die von Wolf kritisch beleuchteten Positionen sind der Kontraktualismus, die Positionen Immanuel Kants, Tom Regans, Peter Singers, Arthur Schopenhauers sowie die Tugendethik.

Die, von Ursula Wolf als Gegenentwurf entwickelte, „Moral universalen Mitleids" basiert auf der Tradition der „liberalen Moral". Es soll gezeigt werden, dass es keine Begründung gibt die Moral auf Menschen zu beschränken, sofern nicht eine religiös oder metaphysisch begründete Höherwertigkeit des Menschen zugrunde gelegt wird. Im Gegensatz zur religiösen oder metaphysischen Moral liege der Vorteil der liberalen Moral darin, dass sie „[...] sich auf nichts Hergebrachtes oder Höheres mehr (...)"[66] berufe. Wolf charakterisiert Moralprinzipien in Abhebung von einfachen subjektiven Handlungsregeln und Rechtsnormen. Moralprinzipien seien

---

[66] WOLF, Ursula (1990): Das Tier in der Moral. III. Grundsätzliches über Moral – 3. Der Status der liberalen Moral 2. Auflage 2004. Vittorio Klostermann GmbH, Frankfurt am Main, S.68.

vielmehr „[...] soziale Normen, die Grundlage für berechtigte wechselseitige Forderungen Vorwürfe usw. (...)"[67]. Zur Moral gehörten mindestens drei grundlegende Aspekte, welche Wolf wie folgt zusammenfasst:

> „1. eine inhaltliche Konzeption, 2. die soziale Geltung, 3. die individuelle Motivation. Ich nenne 2. und 3. zusammen in Entgegensetzung zum moralischen Inhalt die Art und Weise, in der Moral sozial und individuell vorkommt."[68]

Ob gegenüber Tieren moralische Pflichten seitens der Menschen bestehen, sei ein Bestandteil der Frage nach dem Inhalt der Moral. Diese Frage ließe sich nicht klar und widerspruchslos mit den real verbreiteten Überzeugungen beantworten, da sich aus diesen lediglich unterschiedliche Interpretationsmöglichkeiten ergäben. Aus diesem Grund sei eine allgemeine Konzeption des Inhalts der Moral als Grundlage für die Beurteilung vonnöten, welche wiederum – um die unterschiedliche Interpretierbarkeit zu vermeiden – von einem festen Standpunkt ausgehen müsse. Einen Ausgangspunkt für die

---

[67] WOLF, Ursula (1997): Haben wir moralische Verpflichtungen gegen Tiere?. In KREBS, Angelika (Hrsg.): Naturethik – Grundtexte zur gegenwärtigen tier- und ökoethischen Diskussion. Suhrkamp Verlag (= Taschenbuch Wissenschaft), Frankfurt am Main, 47-75, S. 50.
[68] Ebd., S. 51.

Entwicklung einer solchen Moralkonzeption könne das Faktum darstellen, dass es bestehende zwischenmenschliche Moralvorstellungen gebe, auch wenn diese aufgrund ihrer Verschiedenartigkeit noch keine Auskunft über den Inhalt der Moral zu geben vermögen.

Dem Inhalt der Moral könne sich über den Leidensbegriff genähert werden, da das Leiden kein willkürlicher Wert, wie etwa die Vernunftbegabung sei, sondern etwas, dass alle Wesen gemein haben. Die Motivation liege demzufolge im Mitleid, da dieses ungeachtet des Status eines Wesens oder der Gruppenunterschiede zwischen Individuen zustande käme. Dieser Umstand zeige, dass allen Moralen das Mitleid als Fundament zugrunde liege.[69] Die Universalisierung des Mitleids ergebe sich aus dem Wegfallen von Rechtfertigungsgründen, welche sich lediglich aus traditionellen Selbstverständnissen von Gruppen ergäben.

> „Es ergibt sich eine Moralkonzeption, wonach alle so zu behandeln sind, als ob man ihnen gegenüber Mitleid empfinden würde. Denn das Mitleid selbst ist ein natürlicher Affekt, dessen Reichweite beschränkt ist, und schon in traditionalen Moralen spielt nicht einfach das Mitleid als natürlicher Affekt eine Rolle, sondern die Vorstellung, dass so zu handeln ist,

---

[69] Vgl. WOLF, U., 1997, S. 56f..

als ob man Mitleid hätte [...]."[70]

Die konkreten inhaltlichen Normen der Konzeption des universalen Mitleids besagten, „dass wir alle als solche mit Rücksicht behandeln sollen, die sich darin gleich sind, dass sie leiden können."[71] Die Begründung für das von Ursula Wolf entwickelte Moralkonzept liegt folglich in der Leidensfähigkeit. Moralisch relevant sind alle leidensfähigen Lebewesen, was auch entsprechende Tiere mit einschließt.[72]

4.2.5. Tugendethik
Jean-Claude Wolf: Tugendethik als Basis für Tierethik

Fachgebiete des schweizerischen Professors Jean-Claude Wolf sind Ethik und politische Philosophie. Er gilt als ein Theoretiker der Tierrechtsbewegung.

Unter dem Titel „Tierschutz und Würde des Menschen" erläutert Wolf, warum im Bereich der Tierethik die Tugendethik den dominierenden Moraltheorien, nämlich dem Utilitarismus, dem Kontraktualismus sowie der Kantischen Ethik, vorzuziehen sei. Für die Moral relevant ist in der Tugendethik der Charakter des Handelnden. Moral entsteht folglich aus charakterbildenden Eigenschaften, wie Gewohnheit, Nachahmung von Vorbildern und der Identifikation mit den

---

[70] WOLF, U., 1997, S. 57.
[71] Ebd., S. 60.
[72] Vgl. ebd., S. 63.

bewunderten Eigenschaften eines Anderen. In der Praxis solle es ein umfangreiches Repertoire von Einstellungen ermöglichen, die Lücke zwischen moralischen Gründen und Motiven zu füllen.[73] „Wir haben alle einen vielfältigen und reichhaltigen moralischen Meinungs- und Gefühlsvorrat, der um die Vorstellung der eigenen Integrität zentriert ist."[74] Der Rückgriff auf dieses Repertoire solle den Einzelnen dazu befähigen, sich und sein Verhalten so zu formen, dass er sich, vor einem moralischen Hintergrund, vor sich selbst nicht schämen muss. Auch wenn die Tugendethik hierbei vom Menschen ausgehe, mache sie ihn jedoch nicht zu einem notwendigerweise privilegierten Wesen mit einem höheren Wert. Die Würde des Menschen, von der die Tugendethik ausgeht, bringe zugleich die Pflicht mit sich diese Würde zu erhalten. Sowohl die Würde eines Anderen könne verletzt werden als auch die eigene. Der Würdebegriff sei in diesem Zusammenhang als meritorisch zu verstehen, es handele sich also um eine auf Verdiensten beruhende und nicht etwa eine angeborene oder gottgegebene, nicht-meritorische Würde. Der meritorische Würdebegriff ließe sich insofern tierethisch nutzen als im „(…) Umgang mit Tieren (…) die Würde des Menschen auf dem Spiel(.)"[75] stehe.

---

[73] Vgl. WOLF, Jean-Claude (2002): Tierschutz und Würde des Menschen. In LIECHTI, Martin (Hrsg.): Die Würde des Tieres. Tierrechte – Menschenpflichten, Bd. 7. Harald Fischer Verlag, Erlangen, 61-74, S. 61.
[74] Ebd., S. 61.
[75] Ebd., S. 62.

Der Umgang mit Tieren sei Teil des Selbstbildes, welches der Mensch von sich haben möchte. Wer zum Beispiel sein Haustier aussetzt, der wisse, vor dem Hintergrund seiner moralischen Sozialisation, dass er durch sein Handeln dem Bild eines Menschen mit Verantwortungsgefühl und Charakter nicht entspreche. Für dieses Verhalten schämten sich Menschen daher meist vor anderen und eventuell auch vor sich selbst. Die tugendethische Beanstandung des Quälens, Missbrauchens und Ausbeutens von Tieren basiere auf der emotionalen Beziehung, die ein Mensch zu einem bestimmten Tier habe und die somit moralisch relevant für das Individuum sei. Diese emotionalen Beziehungen ließen sich insofern generalisieren als sie „[…] eine Schule der Gefühle und der Einstellungen zu anderen(.)"[76] seien. Für die eigene meritorische Würde bedeute dies, dass

> „[…] die Erfahrungen des Engagements für mein Haustier meine Tugenden im Umgang mit anderen Tieren und Menschen fördern. Menschen, die dagegen brutal oder gleichgültig das ‚Recht des Stärkeren' ausüben, schaden damit nicht nur einem Tier, sondern erleiden Schaden an ihrer eigenen Seele. Sie brutalisieren sich selber. Sie würdigen sich selber herab."[77]

---

[76] WOLF, J.-C., 2002, S. 63.
[77] Ebd.

Von einer nicht-meritorischen Würde der Tiere auszugehen, sei demnach nicht notwendig, wenn auch nicht ausgeschlossen. Die meritorische Würde der Menschen, vor dem Hintergrund der moralischen Berücksichtigungswürdigkeit der Tiere, begründe kein Vorrecht der Menschen gegenüber den Tieren, sondern bringe Angewiesenheit und tiefe Bindung zwischen ihnen mit sich. Der Mensch sei hierbei insofern auf die Tiere angewiesen als diese „Objekt" des tugendhaften Verhaltens seien, welches wiederum grundlegend für die Ausbildung des guten Charakters als Basis für Selbstachtung sei. In „einem Milieu von Ausbeutung und Gewalt" hingegen könne „(…) auch keine rechte Selbstaffirmation aufkommen."[78]

Auch wenn die Idee, dass die Menschenwürde unter einer Kultur der Gewalt gegen schwächere, abhängige Wesen leide, unpopulär sei, ließe sich diese aus Sicht der Tugendethik darin begründen, dass sie sich mit dem Charakter und der Würde des Handelnden und Unterlassenden selbst beschäftige.[79]

> „(…) die eigene Würde wird auch dann weggeworfen, wenn wir uns als Herrscher und Unterdrücker verhalten, die es nötig haben, verletzbare und abhängige Wesen direkt zu quälen oder – was viel häufiger ist – in ihrem Leiden

---

[78] WOLF, J.-C., 2002, S. 64.
[79] Vgl. ebd., S. 70.

und Schicksal auf Distanz zu halten. ‚Aus den Augen, aus dem Sinn.'"[80]

4.2.6. Kontraktualismus
Mark Rowlands: Gerechtigkeit für alle

Der britische Schriftsteller und Professor der Philosophie Marc Rowlands entwickelt seinen kontraktualistischen Ansatz für die Tierethik in Anlehnung an John Rawls` Theorie.

Rowlands weist zunächst darauf hin, dass dem Nachdenken über Moral zwei Prinzipien zugrunde lägen. Zum einen das Gleichheitsprinzip, demzufolge ein Anspruch auf Berücksichtigung in gleichem Maße für jeden vorliege, soweit keine moralischen Unterschiede bestünden. Dieses Gleichheitsprinzip gelte sowohl für Menschen als auch für Tiere. Zum anderen das hinzukommende Verdienstprinzip, welches besage, dass Unterschiede zwischen Individuen dann moralisch irrelevant seien, wenn die Individuen auf diese keinen Einfluss hätten.[81] „Jede adäquate Moraltheorie muss sowohl die Idee der Gleichheit als auch die des Verdienstes angemessen berücksichtigen."[82]

Beide genannten Prinzipien lieferten, so Rowlands, gute Argumente für Tierrechte. Bei der Betrachtung moralischer Probleme in Bezug auf die Behandlung und Nutzung von Tieren müssten beide

---

[80] WOLF, J.-C., 2002, S. 70.
[81] Vgl. ROWLANDS, Marc (2008): Gerechtigkeit für alle. In WOLF, Ursula (Hrsg.): Texte zur Tierethik. Reclams Universal-Bibliothek, Stuttgart, 92-104, S. 92.
[82] Ebd.

Ideen miteinander verwoben werden. Dies solle vor dem Hintergrund der „Urzustand-Idee" von John Rawls geschehen, welche durch Rowlands zur Idee des „Zustandes der Unparteilichkeit" weiterentwickelt wird.

Rawls Idee des „Urzustandes" beruht auf der Annahme, dass der Ausgangspunkt der Moral der „Schleier des Nichtwissens" ist, was bedeutet, dass auszublenden ist, welcher Rasse oder welchem Geschlecht man angehört. Ebenso wenig ist zu berücksichtigen, ob man mit Intelligenz oder anderen Vorzügen ausgestattet ist oder nicht und welche Dinge man für gut, schlecht oder wünschenswert hält. Die Position des „Urzustandes" geht folglich davon aus, dass keine Kenntnis über moralisch irrelevante Parameter der eigenen Person vorhanden ist. Von diesem objektiven Standpunkt aus soll eine ideale menschliche Gesellschaft entworfen werden, was zur Folge hätte, dass diese auf der Gleichheit aller beruhen muss. Die Gleichheit führt wiederum dazu, dass ein jeder Gerechtigkeit wollen muss, da er nicht weiß welche persönlichen Vorzüge er hat oder nicht. Das Anstreben von Gerechtigkeit ist dieser Theorie nach die vernünftige Handlungsweise im „Urzustand" und gleichzeitig die faire und gerechte Handlungsweise in der wirklichen Welt.[83]

Die, auf dieser Theorie von Rawls basierende, Weiterentwicklung der „Urzustands-Idee" hin zur Idee des „Zustands der Unparteilichkeit" beziehe Gleichheit und Verdienst mit ein. Im „Zustand der

---

[83] Vgl. ROWLANDS, 2008, S. 93f..

Unparteilichkeit" seien die unbekannten eigenen Merkmale des Individuums diejenigen, über welche dieses keine Kontrolle hat, die es also weder erworben noch verdient habe. Diese Merkmale seien aufgrund ihres Ursprungs, der nicht der eigenen Kontrolle unterliege, moralisch irrelevant. Der „Zustand der Unparteilichkeit" sei somit die Variante des „Urzustandes", welche alle diese nicht verdienten oder erworbenen Merkmale hinter den „Schleier des Nichtwissens" bringe.[84] Im Weiteren bezieht Rowlands auch die Ausblendung der Spezieszugehörigkeit und von allem, was mit ihr verbunden ist, mit in die Überlegung ein. Da zuvor für den „Zustand der Unparteilichkeit" bereits festegestellt worden sei, dass dieser das Ausblenden aller Merkmale, welche nicht verdient oder erworben sind, erfordere, folge daraus auch, dass die Spezieszugehörigkeit, welche ebenfalls in diese Merkmalskategorie falle, auszublenden sei.[85]

> „Nach dem Verdienstprinzip ist (…) die Eigenschaft, einer bestimmten Spezies anzugehören, moralisch ebenso irrelevant wie Rasse, Geschlecht oder Augenfarbe. Im Zustand der Unparteilichkeit sollte also auch die Kenntnis Ihrer Spezieszugehörigkeit

---

[84] Vgl. ROWLANDS, 2008, S. 95f..
[85] Vgl. ebd., S. 96f..

hinter dem Schleier des Nichtwissens ausgeblendet werden."[86]

Das besondere Einbeziehen des Verdienstprinzips, neben dem ohnehin im „Urzustand" gegebenen Gleichheitsprinzip, bringe folglich mit sich, dass

> „jegliche Vorraussetzung für Parteilichkeit oder Voreingenommenheit (…) durch die Bedingungen des Zustands der Unparteilichkeit beseitigt" sei, „jede (…) getroffene Wahl, die im Zustand der Unparteilichkeit (…) unvernünftig ist, (…) ist dann in der realen Welt (…) unmoralisch. Genau dies bedeutet (…) Gerechtigkeit."[87]

Außerdem sei im „Zustand der Unparteilichkeit" die Tatsache auszublenden, ob ein Individuum ein „moralisches Subjekt" oder aber ein „moralisches Objekt" sei. Als moralisches Subjekt bezeichnet Rowland ein „[…] Wesen, das zu moralischem Denken oder Urteilen fähig ist."[88] Ein moralisches Objekt hingegen sei „[…] jedes Wesen, das moralische Rücksicht verdient"[89], dem gegenüber also, seitens des moralischen Subjekts, die Verpflichtung der Rücksichtnahme bestehe. Ein moralisches Objekt sei

---

[86] ROWLANDS, 2008, S. 97.
[87] Ebd., S. 99.
[88] Ebd.
[89] Ebd.

jedes Wesen, das über ein Bewusstsein oder Interessen verfügt, also über die Fähigkeit des Erlebens. Alle moralischen Subjekte seien zugleich auch moralische Objekte, umgekehrt seien aber nicht alle moralischen Objekte auch moralische Subjekte. Um ein moralisches Objekt zu sein, also ein Anrecht auf moralische Berücksichtigung zu haben, sei es nicht notwendig, auch selbst zu moralischem Urteilen oder Denken fähig zu sein. Diese Tatsache bringe der „Zustand der Unparteilichkeit" mit sich, da er erfordere, die Merkmale auszublenden, die ein Individuum zu einem moralischen Subjekt machen. Ob ein Individuum ein moralisches Subjekt oder aber lediglich ein moralisches Objekt ist, sei kein verdientes oder erworbenes Merkmal, auf welches es einen Einfluss ausüben könne.[90]

> „Vom Zustand der Unparteilichkeit aus gesehen sind die Grenzen der Moral somit die Grenzen all jener Wesen, die ein Wohl im Sinne einer Erlebnisfähigkeit haben. Und bei der Entscheidung, wie wir diese behandeln sollten, folgen wir der goldenen Regel: Wenn eine Entscheidung im Zustand der Unparteilichkeit unvernünftig ist, dann ist sie in der wirklichen Welt unmoralisch."[91]

---

[90] Vgl. ROWLANDS, 2008, S. 101f..
[91] Ebd., S. 103f..

4.2.7. Theologische Ansätze

4.2.7.1. Albert Schweitzer: Ethik der Ehrfurcht vor dem Leben

Der gebürtige Elsässer Albert Schweitzer befasst sich in seinem Werk „Kultur und Ethik" sowohl mit der zwischenmenschlichen Ethik als auch mit tierethischen Aspekten. Schweitzers Schrift „Ethik der Ehrfurcht vor dem Leben" gehört, da bereits 1923 verfasst, zwar nicht direkt in die neuere tierethische Diskussion, jedoch soll sie hier als religiös geprägte Tierethik vorgestellt werden, da sie die Basis für theologische Ansätze in der Tierethik gut verdeutlicht.

Schweitzer begründet seine „Ethik der Ehrfurcht vor dem Leben" indem er festestellt, dass wahre Philosophie von der unmittelbarsten und umfassendsten Tatsache des Bewusstseins ausgehen müsse[92], welche er mit folgendem Satz beschreibt: „Ich bin Leben, das leben will, inmitten von Leben, das leben will."[93] Dieser Satz, so Schweitzer, bezeichne die den Menschen umgebende Wirklichkeit, welche sich diesem in Augenblicken der Besinnung offenbare. Ebenso gelte für alles umgebende Leben, dass es denselben Willen zu leben habe, ob dieser Wille sich nun „[…] äußern kann oder ob er stumm bleibt."[94] Aus dieser Einsicht folgert

---

[92] Vgl. SCHWEITZER, Albert (1990): Kultur und Ethik. Verlag C.H. Beck, München, S.330.
[93] Ebd.
[94] Ebd., S.330f..

Schweitzer, dass Ethik darin bestehe die Notwendigkeit zu erleben „[…] allem Willen zum Leben die gleiche Ehrfurcht entgegenzubringen wie dem eigenen."[95] Das Grundprinzip des ethischen Handelns gehe hieraus hervor. Das Erhalten und Fördern von Leben sei „gut", während das Vernichten und Hemmen von Leben „böse" sei. Dieses ethische Grundprinzip sei jedoch nur dann vollkommen, wenn man es erweitere: „Wahrhaft ethisch ist der Mensch nur, wenn er der Nötigung gehorcht, allem Leben, dem er beistehen kann, zu helfen, und sich scheut, irgendetwas Lebendigem Schaden zu tun."[96] Mit dieser Ausführung bezieht Schweitzer auch das nichtmenschliche Leben als ethisch zu berücksichtigen mit ein. Er fasst daher zusammen: „Ethik ist die grenzenlose erweiterte Verantwortung gegen alles, was lebt."[97] Zudem grenzt er seinen Ethikbegriff von dem des ihn inspirierenden Schopenhauers ab, indem er festestellt, dass „Mitleid" zu eng gefasst sei, um als Inbegriff des Ethischen zu gelten. Zur Ethik gehöre mehr als nur die Anteilnahme am Leid, nämlich das Miterleben aller Zustände des Lebens, also sowohl des Leidens aber auch der Freude. Ethik sei als „[…] Hingebung an Leben zu bestimmen, die durch Ehrfurcht vor dem Leben motiviert ist."[98] Alle ethisch relevanten Begriffe, wie Liebe und Mitleid, sieht Schweitzer im Begriff der Ehrfurcht enthalten.

---

[95] SCHWEITZER, 1990, S. 331.
[96] Ebd.
[97] Ebd., S.332.
[98] Ebd., S.333.

Die „Ethik der Ehrfurcht vor dem Leben" ist absolut und kompromisslos, da sie keine relative Ethik anerkennt. „Gut" und „böse", also ethisch richtig und ethisch fasch, sind klar definiert. Für ethische Konflikte, welche durch die Notwendigkeit der Zerstörung manchen Lebens entstehen, bietet diese absolute Ethik keine Kompromisslösungen.[99] Schweitzer bemerkt hierzu, dass es der eigenen Beurteilung und Abwägung des Einzelnen unterliege, wo die für ihn „[...] äußerste Grenze der Möglichkeit des Verharrens in der Erhaltung und Förderung von Leben liegt."[100] Der Mensch solle sich jedoch bei jeder Entscheidung in Bezug auf den Umgang mit Leben „[...] von der aufs höchste gesteigerten Verantwortung gegen das andere Leben leiten"[101] lassen.

Auf den ethischen Umgang des Menschen mit dem Tier geht Schweitzer explizit unter der Überschrift „Mensch und Kreatur" ein. Er betont hier die Verantwortung des Menschen, den dieser Umgang mit sich bringt. Jedes Leid, dass einem Tier zugefügt wird, lade Schuld auf die Menschen, über die sie sich bewusst sein müssten. Schweitzer räumt jedoch die Gewalt der Notwendigkeit ein, zum Beispiel Tierversuche im Dienste des Menschen vorzunehmen. Gleichzeitig sagt er aber, dass das Leid,

---

[99] Vgl. SCHWEITZER, 1990, S. 339.
[100] Ebd.
[101] Ebd., S.340.

welches den Tieren zugefügt wird, auf das Minimum zu begrenzen ist, welches sich nicht umgehen lässt.[102]

> „Gerade dadurch, dass das Tier als Versuchstier in seinem Schmerze so Wertvolles für den leidenden Menschen erworben hat, ist ein neues, einzigartiges Solidaritätsverhältnis zwischen ihm und uns geschaffen worden. Ein Zwang, aller Kreatur alles irgend mögliche Gute anzutun, ergibt sich daraus für jeden von uns."[103]

Die Verantwortung für das, was den Tieren an Leid zugefügt wird, schreibt Schweitzer der Gesamtheit der Menschen zu. Zudem betont er, dass auch derjenige, welcher ein Tier der Leidzufügung durch einen anderen aussetze, indem er es entgegen seiner Möglichkeiten nicht verhindere, Schuld an diesem Leid trüge.

> „Keiner darf sich dabei beruhigen, dass er sich damit in Sachen mischen würde, die ihn nichts angehen. Keiner darf die Augen schließen und das Leiden, dessen Anblick er sich erspart, als nicht geschehen ansehen. Keiner

---

[102] Vgl. SCHWEITZER, 1990, S.340f..
[103] Ebd., S.341.

mache sich die Last seiner Verantwortung leicht."[104]

Wann immer ein Mensch einem Tier Hilfe zuteil werden lasse, so Schweitzer, trete er „[…] damit für einen Augenblick aus dem unbegreiflichen Grauen des Daseins"[105] heraus.

In seiner absoluten Ethik berücksichtigt Schweitzer jedes Leben, also genauso den Menschen wie die Tiere. In ihrem ethischen Status unterscheidet er sie nicht voneinander. Auch wenn seiner Ansicht nach manches Leiden der Tiere nicht vermieden werden könne, gäbe es für selbiges keine ethische Rechtfertigung. Das Zufügen von Leid oder gar das Töten eines Lebewesens, ungeachtet welcher Spezies, sei immer ethisch falsch.

4.2.7.2. Heike Baranzke: Würde der Kreatur

Der Würdebegriff findet sich ursprünglich lediglich in Bezug auf den Menschen und vor allem im christlichen Kontext. Aus christlicher Sicht ist die Würde eine Eigenschaft, welche dem Menschen aufgrund seiner Ebenbildlichkeit mit Gott zukommt. Würde wird hier unter anderem mit Vernunftbegabung in Zusammenhang gebracht. Dem Menschen wird mit dem Begriff der Würde ein absoluter Wert beigemessen, welcher ihn von anderen Lebewesen abheben soll.

---

[104] SCHWEITZER, 1990, S. 341.
[105] Ebd., S. 342.

Die Moraltheologin Heike Baranzke befasst sich im Rahmen ihrer ethischen Betrachtungen vor allem mit dem Würdebegriff in Bezug auf das Tier. Sie beleuchtet hierbei kritisch und vor einem stark theologisch geprägten Hintergrund unterschiedliche geschichtliche Positionen zum Thema „Würde der Kreatur".

Baranzke betrachtet hierzu die Positionen von Lauritz Smith, Immanuel Kant, Albert Schweitzer und Karl Barth. Smith definiere die „Würde der Tiere" als „[…] grundsätzlich zu respektierenden gottgewollten Glücksanspruch empfindungsfähiger Lebewesen."[106] Der Würdebegriff Kants zeige, dass die Erfüllung von Glück und Würde des Menschen auf einer moralischen Lebensführung beruhten. „Die ‚Würde der Tiere' und die ‚Würde des Menschen' liegen" folglich „auf verschiedenen Ebenen, nämlich den Ebenen eines Bonitas- bzw. eines Dignitas-Lebens."[107] Allen betrachteten Positionen sei diese Unterscheidung gemeinsam. Allein die moralische Person (nach Kant und Schweitzer) oder Gott (nach Smith und Barth) als Träger der „Dignitas", also der Würde, seien in der Position den Tieren als Teil des „Bonitas-Lebens", also des von Gott erschaffenen und für gut befundenen Lebens, Würde oder Wert zukommen zu lassen.

---

[106] BARANZKE, Heike (2002): Was ist die „Würde der Tiere"?. In LIECHTI, Martin (Hrsg.): Die Würde des Tieres. Tierrechte – Menschenpflichten, Bd. 7. Harald Fischer Verlag, Erlangen, 25-46, S. 43.
[107] Ebd., S. 43.

„Der Mensch hat ‚gegen' sein besseres Selbst als dem eigentlichen Träger der Dignitas die Pflicht, ‚in Ansehung' seines eigenen oder fremden nichtmenschlichen Bonitas-Lebens dessen Wertgebung zu erklären und zu verantworten."[108]

4.3. Ergebnis der Theorienbetrachtung

Aus der vorangegangenen Betrachtung exemplarisch ausgewählter tierethischer Moraltheorien wird eine Vielfalt der Herangehensweisen deutlich. Tierethische Überlegungen lassen sich aus verschiedenen theoretischen Richtungen der Ethik entwickeln und auf diesen basierend begründen. Die Lebhaftigkeit der Diskussion zeigt sich hierbei vor allem darin, dass die Autoren häufig bereits bestehende Ansätze kritisieren oder aber weiterentwickeln.

Ausgangspunkt für die utilitaristische Position Singers sowie auch die mitleidsethische Position Ursula Wolfs ist die Leidensfähigkeit von Tieren, es handelt sich somit um pathozentrische Positionen. Diese Leidensfähigkeit führt dazu, dass dem Wohl von Tieren moralische Relevanz zukommt. Andere Ansätze, wie etwa der „Rechts-Ansatz" Regans, wiederum gehen davon aus, dass Tiere moralisch zu berücksichtigen sind, da sie einen inhärenten Wert haben, welcher allen Lebewesen gleichermaßen zukommt. Der allgemein als schwächerer Ansatz für

---

[108] BARANZKE, Heike, 2002, S. 44.

die Tierethik betrachtete Kontraktualismus wird von Rowlands mittels des, seiner Theorie zugrunde liegenden, speziesübergreifenden Gleichheitsprinzips für die Tierethik nutzbar gemacht. Zudem wird, in diesem Fall zwangsläufig von einem anthropozentrischen Standpunkt aus betrachtet, auch auf den Stellenwert des Tieres sowie den des Umgangs mit Tieren für das „seelische Wohlergehen" des Menschen und dessen Würde aufmerksam gemacht. Dies ist vor allem für die Position Jean-Claude Wolfs von grundlegender Bedeutung. Schweitzer und Baranzke argumentieren vor einem deutlich religiös geprägten Hintergrund.

Sowohl die Quantität der zeitgenössischen tierethischen Schriften, welche selbstverständlich weit über die aufgeführten Positionen hinausreicht als auch die Qualität, im Sinne ihrer Durchdachtheit, weisen deutlich auf die Aktualität und die Bedeutsamkeit der tierethischen Diskussion hin.

5. Gesetz – Tierethik – Tierschutz

Die Betrachtung der für den menschlichen Umgang mit Tieren relevanten Bereiche Tierschutzgesetz, Tierethik und Tierschutz in der Praxis (durch Tierschutzvereine) macht Folgendes deutlich:

Das Gesetz – auch wenn es sich um das Tierschutzgesetz handelt – ist eine rechtliche Handlungsgrundlage, welche durch Menschen aufgestellt wurde und für selbige Gültigkeit besitzt. Die Tiere sind lediglich Gegenstand dieses speziellen Gesetzes. Es erlegt dem Menschen gewisse Pflichten im Umgang mit und gegenüber Tieren auf, räumt ihm aber auch (Nutzungs-) Rechte ein. Es handelt sich um eine ungleiche Interessenabwägung, da die Interessen der Menschen gegenüber den Interessen von Tieren zumeist als höherrangig eingestuft werden. Das Gesetz stellt für die Gesellschaft in einem Staat einen rechtlichen Ist-Zustand dar, eine gesetzlich festgelegte Verhaltensanforderung.

Die Tierethik als Disziplin der praktischen Philosophie, versucht die Frage nach den ethisch korrekten Handlungsweisen im Umgang des Menschen mit Tieren zu beantworten. Viele tierethische Positionen basieren dabei auf dem Pathozentrismus, so ist die Leidensfähigkeit des betroffenen Individuums das Kriterium, nach dem die Beurteilung einer Handlung vorzunehmen ist. Die Antworten der Tierethik auf Fragen nach dem richtigen Handeln sind häufig absolut und lassen bei konsequenter Umsetzung für die Nutzungsinteressen des Menschen am Tier auch keinen Ermessensspielraum zu oder sehen diese nur sehr eingeschränkt als zu rechtfertigen an. Einige tierethische Positionen gehen von der pathozentrisch begründeten Notwendigkeit einer gleichen Interessenberücksichtigung von menschlichen und tierischen Interessen aus. Die Tierethik entwickelt sozusagen einen „ethischen Soll-Zustand", eine ethisch begründete Forderung an das menschliche Verhalten gegenüber Tieren.

Sowohl das Tierschutzgesetz, als auch die Tierethik, beschäftigen sich mit dem Umgang des Menschen mit den Tieren. Eine weitere Gemeinsamkeit von Gesetz und Ethik besteht darin, dass es sich bei beiden um menschliche Konstrukte handelt und Akteure in deren Sinne sind stets nur Menschen. Beide Bereiche berücksichtigen jedoch auch die Tiere, da diese innerhalb der menschlichen Gesellschaft leben und somit in deren Verantwortungsbereich fallen. Im Vergleich zu gesetzlichen Vorschriften sind ethische Gebote jedoch nicht bindend.

Die Tierschutzposition begründet ihre Forderungen zumeist ebenfalls vor einem pathozentrischen, tierethischen Hintergrund. Im Vergleich zur Tierethik positioniert sich der Tierschutz allerdings oftmals weniger absolut und lässt durchaus einen Spielraum für die Nutzung von Tieren durch den Menschen zu. Ziel des Tierschutzes ist es hierbei vorrangig, die Bedingungen dieser Nutzung im Sinne der betroffenen Tiere zu verbessern, die Nutzung an manchen Stellen einzuschränken und gelegentlich auch ein tatsächliches Verbot bestimmter Nutzungsformen zu bewirken. Tierschutz ist praxisorientiert und versucht, den gesetzlichen aber auch den gesellschaftlichen Ist-

Zustand in Richtung eines „ethischeren Soll-Zustandes" zu verändern.

6. Tierschutzgesetz vs. Tierethik

Wie zu Beginn des Abschnittes zur Tierethik bereits erläutert, bezeichnet Ethik die Lehre vom sittlichen Verhalten. Wie sich am Beispiel der Tierethik zeigt, ist die anwendungsbezogene Ethik jedoch umfassender zu charakterisieren. Sie bezeichnet sowohl das alltägliche als auch das wissenschaftliche Nachdenken über verantwortungsvolles Handeln gegenüber Mitmenschen, sich selbst, in diesem speziellen Fall aber auch und vor allem gegenüber Tieren. Im Alltag sowie auch auf der wissenschaftlichen Ebene ergibt sich die Notwendigkeit zu ethischen Überlegungen meist durch Problemsituationen, für die noch keine moralischen Konventionen oder Verhaltensregeln vorhanden sind, oder wenn vorhanden, diese Normen nicht ausreichend sind, um mit dem bestehenden Problem umzugehen. Da sie dem Wandel der Gesellschaft unterliegen, müssen ethische Normen kontinuierlich überdacht und weiterentwickelt werden. Die Moral als bestehender kultureller Konsens über ethische Handlungsweisen, welcher sich mit der Kultur entwickelt, ist hierbei jedoch keine inhaltlich eindeutige Begrifflichkeit. Zum einen, da der moralische Konsens den immer neuen ethischen Überlegungen unterliegt, zum anderen aber auch, da er nicht schriftlich und somit bindet festgehalten werden kann. Die auf ethischen Überlegungen basierenden moralischen Grundsätze sind im stetigen Wandel. Ethische Diskussionen zur Entwicklung von, den aktuellen Gegebenheiten innerhalb einer

Gesellschaft angemessenen, moralischen Grundsätzen, finden unter anderem auch auf der Ebene der Politik statt und spiegeln sich zum Beispiel in der Gesetzgebung wieder. Moralische Normen, welche zu einer Gesetzgebung führen, sind folglich bindend und eindeutig.[109] Während das Befolgen von moralischen Grundsätzen letztendlich dem eigenen Ermessen unterliegt und das Nichtbefolgen „nur" zu sozialen Konsequenzen führen kann, wird die Zuwiderhandlung gegen bindende Gesetze mit, vom Gesetzgeber festgelegten, Strafen geahndet.

Die Feststellung, dass Gesetze letztendlich auf ethischen Überlegungen basieren, legt nahe, dass dies auch für das Tierschutzgesetz der Fall ist. Im Folgenden soll daher vor dem Hintergrund der tierethischen Diskussion das Tierschutzgesetz auf ethische Grundlagen hin untersucht werden.

6.1. Grundlegendes

6.1.1. §1 des Tierschutzgesetzes

Der erste Paragraph des deutschen Tierschutzgesetzes scheint auf den ersten Blick die wichtigsten Fragen, den ethischen Umgang mit Tieren betreffend,

---

[109] Vgl. PETKO, Dominik, JOBIN, Jean-François (2006): Was heisst "Ethik"?. In Schweizerische Fachstelle für Informationstechnologien im Bildungswesen SFIB (Hrsg.): ICT und Ethik. Probleme und ethische Lerngelegenheiten beim Einsatz neuer Medien in der Schule. educa.ch, Bern, 6-11. Online im Internet: URL: *https://archiv.educa.ch/sites/default/files/Ethik_d_lang_3.pdf* [Stand 24.06.2016], S. 6.

zu beantworten und ethische Grundaspekte klar gesetzlich zu verankern:

> „Zweck dieses Gesetzes ist es, aus der Verantwortung des Menschen für das Tier als Mitgeschöpf dessen Leben und Wohlbefinden zu schützen. Niemand darf einem Tier ohne vernünftigen Grund Schmerzen, Leiden oder Schäden zufügen."[110]

Anerkannt wird somit grundsätzlich die Tatsache, dass Tiere leidensfähig und zudem „Mitgeschöpfe" des Menschen sind. Die Schutzwürdigkeit folgt also zum einen aus der Leidensfähigkeit der Tiere und zum anderen aus ihrer Koexistenz mit dem Menschen.

Die Überlegung, ob der, auf einen religiösen Hintergrund verweisende, Begriff der „Mitgeschöpflichkeit" in diesem Kontext passend gewählt ist, soll an späterer Stelle aufgegriffen werden.

Wie in der Darstellung der verschiedenen Positionen bereits gezeigt, ist die Leidensfähigkeit von Tieren der Ausgangspunkt oder aber zumindest ein wichtiger Aspekt für die meisten tierethischen Positionen. Es erscheint in diesem Kontext also sinnvoll, aus der ethischen Verpflichtung der Leidensvermeidung einen gesetzlichen Grundsatz abzuleiten. Die in diesem Paragraphen formulierte ethisch motivierte Absicht, Tiere per Gesetz vor der

---

[110] §1 Absatz 1 Satz 1 und 2 TierSchG.

Zufügung von Schmerzen, Leiden oder Schäden zu schützen, wird jedoch durch die eingefügte Klausel „ohne vernünftigen Grund" faktisch bedeutungslos. Zum einen, da sich aus menschlicher Sicht beliebig viele vernünftige Gründe finden lassen, einem Tier zu einem bestimmten Zweck Schmerzen, Leiden oder Schäden zuzufügen, zum anderen vor allem auch aufgrund der Tatsache, dass keine Legaldefinition des Begriffs „vernünftiger Grund" vorliegt[111], welche die Beliebigkeit der Begründungen einschränken würde.

Schon im Grundsatz des deutschen Tierschutzgesetzes wird daher deutlich, dass diesem keinesfalls ein Gleichheitsprinzip, wie es unter anderem von Peter Singer, Tom Regan und Mark Rowlands gefordert wird, zugrunde liegt. Der moralisch begründeten Forderung nach einem speziesunabhängigen Schutz des Individuums wird somit nicht entsprochen. „Wo es um menschliche Individuen geht", so stellt Ursula Wolf in diesem Zusammenhang fest, „wird ein solcher Schutz sowohl im Recht wie in der Moral durch Rechte gewährt."[112] Diese Rechte dienen dazu, dass der Willkür von moralischen Akteuren Grenzen gesetzt und gegenüber Objekten der Moral „Schutzzonen" gewährleistet werden, „[…] welche Individuen geltend machen können, damit sie nicht dem Nutzen anderer oder der Allgemeinheit geopfert werden können."[113] Die Gewährleistung von

---

[111] Vgl. Deutscher Bundestag, Drucksache 15/723, 2003, S. 55.
[112] WOLF, Ursula (2008): Die Mensch-Tier-Beziehung und ihre Ethik. In WOLF, Ursula (Hrsg.): Texte zur Tierethik. Reclams Universal-Bibliothek, Stuttgart, 170-194, S. 170f..
[113] Ebd., S. 171.

absoluten Schutzzonen kann das Tierschutzgesetz nicht leisten, da deren Grenzen durch „vernünftige Gründe" jederzeit durchbrochen werden können und, wie sich im Folgenden noch deutlicher zeigen wird, auch werden. „Das anfängliche Pathos der Mitgeschöpflichkeit wird unter dem Druck der Realität zur folgenlosen Absichtserklärung"[114], so das Resümee von Dieter Birnbacher.

6.1.2. Artikel 20a Grundgesetz

Tiere, wie zum Beispiel Katzen oder Hunde, haben innerhalb unserer Kultur längst den Stellenwert von Freunden oder Familienmitgliedern, da sie zumeist in einer so genannten „sentimentalen Tierhaltung" leben, statt zu einem bestimmten Zweck – etwa zur „Schädlingsbekämpfung" oder zur Jagd – gehalten zu werden. Dieser Tatsache ist wohl unter anderem auch das gesteigerte Interesse am gesetzlichen Schutz von Tieren zu verdanken. Um diesem wachsenden, mutmaßlich nicht zuletzt emotional motivierten, Interesse der Menschen Rechnung zu tragen, fand das deutsche Tierschutzgesetz letztendlich in folgender Form Eingang in das Grundgesetz:

> „Der Staat schützt auch in Verantwortung für die künftigen Generationen die natürlichen

---

[114] BIRNBACHER, Dieter (2006): Bioethik zwischen Natur und Interesse. Suhrkamp Verlag (= Taschenbuch Wissenschaft), Frankfurt am Main, S. 222.

Lebensgrundlagen und die Tiere im Rahmen der verfassungsmäßigen Ordnung durch die Gesetzgebung und nach Maßgabe von Gesetz und Recht durch die vollziehende Gewalt und die Rechtsprechung."[115]

Im Gesetzentwurf, welcher der Änderung des zuvor bereits bestehenden Artikels 20a durch Einfügung der Worte „und die Tiere" voranging, wird die Notwendigkeit zur Änderung durch ethische Aspekte begründet. So heißt es in der Begründung, dem ethischen Tierschutz werde gegenwärtig ein hoher Stellenwert beigemessen und auch innerhalb der Rechtsprechung ließe sich eine Tendenz erkennen, diesem Bewusstseinswandel in der Gesellschaft bei der Auslegung der Verfassung Rechnung zu tragen.[116]

Anlass für die Ergänzung des Artikels war laut Gesetzentwurf folgendes Problem der bisherigen gesetzlichen Regelung in Bezug auf den Tierschutz:

„Der Schutz des Tieres als Lebewesen ist in der Rechtsordnung der

---

[115] Artikel 20a Grundgesetz (GG).
[116] Vgl. Deutscher Bundestag (2002): Drucksache 14/8860 14. Wahlperiode 23.04.2002, Gesetzentwurf der Fraktion SPD, CDU/CSU, Bündnis 90/Die Grünen, FDP. Entwurf eines Gesetzes zu Änderung des Grundgesetzes (Staatsziel Tierschutz). Stand: 23.04.2002. Online im Internet: URL: *http://dip21.bundestag.de/dip21/btd/14/088/1408860.pdf* [Stand 09.06.2016], S. 1.

Bundesrepublik Deutschland noch immer unzulänglich. Die Verankerung des Tierschutzes in der Verfassung soll dem Gebot eines sittlich verantworteten Umgangs des Menschen mit den Tieren Rechnung tragen. Die Leidens- und Empfindungsfähigkeit insbesondere von höher entwickelten Tieren sowie die inzwischen bekannt gewordenen Ergebnisse von Wissenschaft und Forschung, die selbst das Klonen von Tieren ermöglichen, erfordern dringend ein ethisches Mindestmaß für das menschliche Verhalten. Die einfachgesetzlichen Regelungen des Tierschutzgesetzes reichen dazu nicht aus. Für die gebotene Abwägung zwischen den Interessen der Tiernutzung und dem Anspruch der Tiere auf Schutz vor Leiden, Schäden oder Schmerzen ist es notwendig, die Rechtsebenen anzugleichen, das heißt, dem Tierschutz Verfassungsrang zu geben."[117]

Das Erfordernis eines „ethischen Mindestmaßes" für das menschliche Verhalten im Umgang mit Tieren, unter Berücksichtigung ihrer Leidensfähigkeit sowie auch ihrer Empfindungsfähigkeit, wird an dieser Stelle eingeräumt.

---

[117] Deutscher Bundestag, Drucksache 14/8860, S. 1.

Für Tom Regan sind es Empfindungs- und Leidensfähigkeit, welche ein Individuum zum „Subjekt eines Lebens" mit einem inhärenten Wert machen, was wiederum mit sich bringt, dass es ein Recht darauf besitzt, mit Respekt behandelt zu werden.

Auch wenn sich in der Problemstellung, welche dem Gesetzentwurf vorangestellt ist, zeigt, dass der – tierethisch formuliert – inhärente Wert von Tieren anerkannt wird, ergibt sich in der Folge keine konsequente Forderung zur respektvollen Behandlung, sondern lediglich eine abgeschwächte und nicht klar deutbare Variante. Diese spiegelt sich in der unklaren Wendung „ethisches Mindestmaß" wieder, auch wenn dieses als „dringend erforderlich" beurteilt wird. Die Begründung für die vergleichsweise schwache ethische Forderung sind die „Interessen der Tiernutzung", welche dem „Anspruch der Tiere auf Schutz vor Leiden, Schäden oder Schmerzen" entgegenstehen. Gefordert wird in diesem Zusammenhang lediglich eine Abwägung, welche jedoch durch die Angleichung der Rechtsebenen ausgeglichener stattfinden soll.

Wie bereits in §1 des Tierschutzgesetzes durch den „vernünftigen Grund", zeigt sich auch an dieser Stelle, dass die Gesetzgebung für Ausnahmen zugunsten von Nutzungsinteressen ausgelegt ist. In der Begründung des Gesetzentwurfes wird dies erneut deutlich, hier heißt es zwar, dass aus „[…] dem Gebot eines sittlich verantworteten Umgangs des Menschen mit dem Tier […]" die Verpflichtung folge, „[…] Tiere in ihrer Mitgeschöpflichkeit zu achten

[…]"[118], jedoch sei es Aufgabe des Gesetzgebers, „[…] die Belange und den Schutz der Tiere entsprechend ihren unterschiedlichen Entwicklungsstufen *im Ausgleich mit anderen berechtigten Interessen* zu verwirklichen."[119] Der „Zweck an sich" oder Selbstzweck, welcher einem Tier als „Subjekt eines Lebens" tierethisch betrachtet zukommt, findet sich an dieser Stelle zwar sinngemäß, verliert jedoch durch die Einschränkung der Abwägung mit anderen Interessen faktisch seine Bedeutung.

6.1.3. §90a Bürgerliches Gesetzbuch

Das Bürgerliche Gesetzbuch regelt das deutsche allgemeine Privatrecht, es befasst sich demzufolge mit dem Rechtsgebiet, das Beziehungen von rechtlich gleichgestellten Rechtssubjekten, also Personen, untereinander regelt. Im Bürgerlichen Gesetzbuch findet sich in Bezug auf Tiere in §90a folgende Regelung:

> „Tiere sind keine Sachen. Sie werden durch besondere Gesetze geschützt. Auf sie sind die für Sachen geltenden Vorschriften entsprechend anzuwenden, soweit nicht etwas anderes bestimmt ist."[120]

---

[118] Deutscher Bundestag, Drucksache 14/8860, S. 1.
[119] Ebd., S. 3.
[120] §90a Bürgerliches Gesetzbuch (BGB).

In einem juristischen Kommentar zum §90a BGB beurteilt Rechtsanwalt Thomas Weidel die Bedeutung der hier festgelegten Vorschrift als gering, da sie zwar auf dem Gedanken beruhe, dass die Mitgeschöpflichkeit der Tiere – in §1 des Tierschutzgesetzes festgestellt – ihre Gleichstellung mit Sachen ausschließe, „[...] die entsprechende Anwendung der Vorschriften für Sachen (§90 BGB)" jedoch „zu keinen Änderungen führt."[121]

Da das Strafrecht seine Begriffe eigenständig, also unabhängig vom Zivilrecht bildet, ist §90a des Bürgerlichen Gesetzbuches für die Rechtsprechung nicht zu beachten. Die Rechtsprechung, welche Tiere betrifft, erfolgt daher nach den Paragraphen des Strafgesetzbuches (StGB). Laut Strafgesetzbuch beschreibt der Begriff Sache körperliche Gegenstände, unter diesen Begriff fallen auch Tiere im Sinne des §303 StGB. Für diesen Umstand werden zwei Begründungen geliefert:

> „1. [...] Tiere waren schon immer Sachen; daran hat sich im Strafrecht trotz § 90a BGB nichts geändert.
> 2. § 90a BGB gilt auch für das Strafrecht. Nach dessen Satz 1 sind Tiere keine Sachen. Nach Satz 3 sind aber die für

---

[121] PLITT, Franz-Anton (2002): Ansbacher Studienkommentar zum Zivilrecht - § 90a Tiere (Regelung seit 01.01.2002). Stand 02.01.2002. Online im Internet: URL: *http://www.markenrecht7.de/master.php?wahl=42&gesetz_id= 48&k_id=578&paragraph_id=197* [Stand 09.06.2016].

Sachen geltenden Vorschriften, also auch §§ 242, 303 StGB, auf Tiere entsprechend anzuwenden."[122]

Folglich sind das Stehlen wie auch das „Beschädigen" und Töten von Tieren, bei denen es sich um fremdes Eigentum handelt, als Diebstahl fremder beweglicher Sachen gemäß §242 StGB sowie als Sachbeschädigung gemäß §303 StGB einzustufen.
Die in §90a des Bürgerlichen Gesetzbuches festgelegte Regelung Tiere betreffend weist, wie die Ausführungen zum Sachverhalt verdeutlichen, dieselbe Inkonsequenz auf, wie auch §1 des Tierschutzgesetzes und die näheren Bestimmungen zu Artikel 20a des Grundgesetzes.
Vom tierethischen Standpunkt ist folglich auch §90a BGB als Ausgangspunkt für eine ethisch vertretbare juristische Grundlage unbrauchbar. Die faktische Umsetzung im Strafrecht und somit in der Rechtsprechung stuft Tiere als Sachen ein und übergeht somit jeglichen tierethischen Individualbegriff in Bezug auf Tiere. Auch ein Recht der Tiere auf einen respektvollen Umgang resultiert aus den dargestellten gesetzlichen Grundlagen nicht.

---

[122] HARDTUNG, Dr., Bernhard (1998): Repetitorium im Strafrecht BT. Sachbeschädigung (§ 303 StGB). Juli 1998. Online im Internet: URL: *http://www.ruhr-uni-bochum.de/ls-hoernle/e_herzberg/texte/rep303.htm* [Stand 09.06.2016].

6.2. Töten von Tieren

Das Töten von Tieren ist in vielen Bereichen eine übliche Praxis und wird in Deutschland durch Bestimmungen innerhalb des Tierschutzgesetzes geregelt und legitimiert. Die Gründe, welche hierbei als „vernünftig" anerkannt werden, sind zahlreich. Zumeist handelt es sich um „Bedarfsdeckungsinteressen" oder auch um rein wirtschaftliche Belange, welche generell gesetzlich geregelt oder aber im Einzelfall auf Grundlage der bestehenden Rechtslage in Bezug auf ihre Umsetzbarkeit verhandelt werden.

6.2.1. Schlachtung zu Nahrungszwecken

Die Tötung von Tieren zu Nahrungszwecken, die Schlachtung, ist ein wesentlicher Punkt im Bereich der kommerziellen Tötung von Tieren. Gesetzliche Regelungen hierzu finden sich in Abschnitt drei des Tierschutzgesetzes „Töten von Tieren" unter §4 bis §4b. Die Schlachtung von Tieren ist seit jeher ein Auslöser für tierethische Diskussionen, da es sich bei der Tötung von Lebewesen um ein fundamentalethisches Problem handelt. Dieter Birnbacher formuliert vom ethischen Standpunkt aus hinsichtlich der, dies betreffenden gesetzlichen Regelung in Deutschland:

> „In den §§ 4 bis 4b wird die Tötung von Tieren mit verwaltungsmäßiger Nüchternheit geregelt, so als handele es sich um eine mehr oder weniger selbstverständliche Routine. Das Recht

des Menschen, Tiere auch zur Befriedigung von Luxusbedürfnissen zu töten [...], wird an keiner Stelle, wie man es Aufgrund des § 1 erwarten sollte, in Frage gestellt."[123]

Die ethische Problematik, welche das Tierschutzgesetz im Zusammenhang mit der Legitimation der Tötung von Tieren aufwirft, sowie auch das Problem der begrifflichen Widersprüchlichkeit innerhalb des Tierschutzgesetzes, werden an dieser Stelle von Birnbacher deutlich gemacht. Die einzige Rechtfertigung für diese Widersprüchlichkeit findet sich in der, wie bereits festgestellt, schwächenden Relativierung des Grundsatzes durch die Zufügung der Wendung „ohne vernünftigen Grund". Die Regelungen zur Schlachtung von Tieren machen die Tragweite dieser Relativierung und ihre Folgen deutlich.

Vor dem Hintergrund der tierethischen Positionen scheitert das Tierschutzgesetz als eine ethisch fundierte Normfestlegung spätestens an dieser Stelle, wo es um das Grundlegendste, nämlich um das Töten geht. Menschliche Sekundärinteressen stehen hier über dem Primärinteresse der Tiere am Leben zu bleiben. Dass Tiere ein solches Interesse haben, wird in den tierethischen Positionen häufig als grundlegend betrachtet. Peter Singer fordert auf Grundlage des Gleichheitsprinzips die gleiche Interessenberücksichtigung aller von einer Handlung betroffenen

---

[123] BIRNBACHER, 2006, S. 222.

Individuen, ob Mensch oder Tier. Im Fall der Schlachtung von Tieren für die, wie Birnbacher es ausdrückt, „Befriedigung von Luxusbedürfnissen", kann offenkundig nicht die Rede von gleichgewichtigen Interessen sein.

Die Tatsache, dass dem Konsum von Fleisch der Status eines „Luxusbedürfnisses" und nicht etwa eines lebensnotwendigen Grundbedürfnisses zuzuschreiben ist, lässt sich leicht begründen. Tatsächlich ist der Verzehr von Fleisch in unserer Gesellschaft nämlich keineswegs notwendig und zwar weder um zu überleben, noch um sich gesund zu ernähren – wobei Letzteres als ethisches Argument für Tötung ohnehin kaum tragfähig wäre. Vegetarische Alternativen zu Fleisch gehören in Deutschland bereits zum Standardangebot.

Eine Begründung, warum sich in diesem Punkt des Tierschutzgesetzes jedoch ein gesellschaftlicher Konsens spiegelt, liefert ein Aufsatz von Chmielewska, Bert, Grune, Hensel und Schönfelder. Unter Berufung auf Lorz und Metzger, sowie Caspar heißt es hier:

> „Es ist unbestritten, dass die Gewinnung von Fleisch für die menschliche Ernährung einen vernünftigen Grund darstellt. Zumeist wird das mit der Sozialadäquanz des Fleischverzehrs begründet, da tierische Ernährungsprodukte so tief in unserer Kultur verwurzelt sind, dass eine Rechtfertigung der Tiertötung zu diesem

Zweck bejaht wird, obwohl Fleisch und andere tierischen [sic] Produkte heutzutage zur Sicherung der menschlichen Ernährung nicht absolut unerlässlich sind."[124]

Im Jahr 2015 wurden in Deutschland insgesamt 779.608.046 Tiere – hierbei unter anderem noch nicht inbegriffen sind Kaninchen, Fische und Wild – zur Fleischgewinnung geschlachtet.[125][126] Umgerechnet entspricht das knapp fünfundzwanzig geschlachteten Tieren pro Sekunde.

Jean-Claude Wolf stellt in Bezug auf ethische Überlegungen zur Tötung von Tieren fest, dass diese in der Alltagsmoral der Menschen uneindeutig

---

[124] Chmielewska, J., Bert, B., Grune, B. et al. NuR (2015) 37: 677. doi:10.1007/s10357-015-2903-9.

[125] Vgl. Statistisches Bundesamt (2016): Tiere und tierische Erzeugung, Gewerbliche Schlachtungen. DESTATIS, Statistisches Bundesamt (Hrsg.), Wiesbaden. Online im Internet: URL: *https://www.destatis.de/DE/ZahlenFakten/Wirtschaftsbereiche/ LandForstwirtschaft-Fischerei/TiereundtierischeErzeugung/Tabellen/GewerbSchlach tungJahr.html* [Stand 12.10.2016].

[126] Vgl. Statistisches Bundesamt (2016): Tiere und tierische Erzeugung, Geflügelfleischerzeugung nach Geflügelarten, Herrichtungsform und Angebotszustand in Deutschland im Jahr 2015. DESTATIS, Statistisches Bundesamt (Hrsg.), Wiesbaden. Online im Internet: URL: *https://www.destatis.de/DE/ZahlenFakten/Wirtschaftsbereiche/ LandForstwirtschaft-Fischerei/TiereundtierischeErzeugung/Tabellen/Gefluegelfleisch .html#Fussnote1* [Stand 12.10.2016].

bleiben. Dass Tiere zum Nutzen des Menschen getötet werden, werde zumeist nicht als tatsächlich problematisch anerkannt, sondern eher als vergleichsweise unbedeutendes Problem empfunden. Statt eine klare ethische Position zu beziehen, werde sich eher damit begnügt festzustellen, dass Tiere nicht „unnötig" getötet werden sollten. Was dabei allerdings unter „unnötigem Töten" zu verstehen sei, werde nicht näher überlegt. Mit den gleichen Gründen, auf denen ein Tötungsverbot Menschen betreffend basiert, so Jean-Claude Wolf, ließe sich ebenso auch ein Tötungsverbot gegenüber Tieren begründen.[127] „Da ist vor allem der Respekt vor Wesen, die uns in elementarer Hinsicht verwandt sind. Zudem müssen wir davon ausgehen, dass Tiere eigene Wünsche und Interessen haben."[128] Auch Ursula Wolf sieht ein Tötungsverbot gegenüber Tieren in deren Interesse zu leben begründbar:

> „Tiere können zwar nicht aussprechen, dass sie weiterleben wollen, aber dieses Wollen zeigt sich deutlich genug in ihrem Verhalten, sofern sie Situationen der Lebensgefahr zu vermeiden versuchen, bei Angriffen auf

---

[127] Vgl. WOLF, Jean-Claude (1998): Leben wir in einer Kultur des Tötens?. In „Neues Deutschland" (Tageszeitung), 20. Juni 1998. Online im Internet: URL: *https://www.neues-deutschland.de/artikel/717451.leben-wir-in-einer-kultur-des-toetens.html* [Stand 24.06.2016], o.S..

[128] Ebd.

ihr Leben fliehen oder sich zur Wehr setzen."[129]

Auch wenn Tiere ihre Interessen nicht in einer – uns verständlichen – Sprache äußern, so werden diese auf andere, für uns intuitiv klar deutbare Weise sichtbar und können somit in ihrer moralischen Relevanz für das menschliche Handeln nicht ignoriert werden. In der Konsequenz ergibt sich, dass ein ethisch begründetes Tötungsverbot gegenüber Tieren auch durch die *schmerzlose* Tötung zu Nahrungszwecken nicht zu umgehen ist. Die Hauptursache, warum es in der Realität jedoch ein solches, ethisch begründetes Tötungsverbot gegenüber Tieren nicht gibt, sieht Jean-Claude Wolf gerade in der Tötung zu Nahrungszwecken:

> „[D]ie Tradition und Gewohnheit des Fleischessens [ist] vermutlich die hartnäckigste Wurzel des Speziesismus. Fleischessende Menschen sind, wenn es um eine Neubeurteilung von Tieren in der Ethik geht, geistig und emotional befangen. Sie rationalisieren ihre Essgewohnheiten und weigern sich standhaft, in der "schmerzlosen" Tötung von Tieren überhaupt ein moralisches Problem zu sehen. Ein Indiz für diese Parteilichkeit ist die regelmäßige Wiederkehr schlechter Gründe zur

---

[129] WOLF, U., 1997, S. 73.

Verteidigung dessen, dass wir Tiere als Nahrung brauchen."[130]

Erschwerend komme hinzu, dass die Schlachtung und das damit verbundene Leid der Tiere, begonnen bei der Haltung, den Menschen nicht präsent seien. Durch das sorgfältige Verbergen und bürokratische Verwalten von Massentierhaltungen werde dem Konsumenten der Anblick des Prozesses erspart, auf dessen Produkt er nicht verzichten möchte. Die Fleischkonsumenten „[…] leben in einer zunehmend speziesmonotonen Welt und begegnen manchen Spezies nur noch als hygienisch verpackten Endprodukten […] im Einkaufszentrum."[131]

Eine andere Einschätzung der Sachlage, in für ihn charakteristisch drastischer Manier, liefert Helmut F. Kaplan. Bereits seit geraumer Zeit sei den Menschen sehr wohl bewusst, wie das Fleisch, welches sie verzehren, produziert wird. Tatsächlich führe dieses Bewusstsein jedoch nicht notwendig zu einer ethisch begründeten Ablehnung des Fleischkonsums, sondern bringe auch eine „[…] neue und besonders gefährliche Generation von Fleischessern […]" hervor. Die bewussten Fleischesser, welche die Tötung von Tieren zum Verzehr durch eine zuvor artgerechte Haltung oder gelegentlich sogar – wie Kaplan an

---

[130] WOLF, Jean-Claude (1992): Einleitung in die Tierethik. Paulusverlag, Freiburg. Online im Internet: URL: http://archiv.veggie-planet.at/vgoe/buecher/tierrechte/wolf_einleitung.html [Stand 24.06.2016].
[131] WOLF, J.-C., 2002, S. 71.

einem Beispiel zeigt – durch das Begleiten des Schlachtprozesses ethisch legitimiert sehen. Das Töten von Tieren und deren Verzehr werde in diesem Zusammenhang als besonders „naturnah" und „bewusst" wahrgenommen. Kaplan bezeichnet dies als „[…] eine unappetitliche Kombination von traditioneller Gleichgültigkeit oder Überheblichkeit gegenüber Tieren und neuer ‚grüner' Gesinnung"[132]. Die mangelnde Anerkennung des Bestehens einer ethischen Problematik in Bezug auf den Konsum von Fleisch, resultiert Kaplan zufolge also nicht, wie Jean-Claude Wolf annimmt, aus der Unwissenheit der Menschen, sondern vielmehr aus einem Mangel an realethischen Grundsätzen, welche das Töten an sich als unethisch definieren müssten.

Auch wenn das Bewusstsein über die tierische Herkunft des Produktes Fleisch, wie von Kaplan beschrieben, bei einem Teil der Menschen zu einem, aus ethischer Sicht besonders ablehnenswerten, Konsumverhalten führt, so gibt es jedoch auch die gegenteilige Reaktion auf das gewachsene Bewusstsein. So ernähren sich in Deutschland laut einer vom Vegetarierbund Deutschland e.V. (VEBU) in Auftrag gegebenen Statistik (Stand: Januar 2015) rund 7,8 Millionen Menschen vegetarisch, also rund 10% der

---

[132] KAPLAN, Helmut F. (o.J.): Grüne und Konservative gegen Tiere. Tierrechte & Ethik (Helmut F. Kaplan). Online im Internet: URL:
http://www.tierrechtekaplan.org/kompendium/a416.htm
[Stand 09.06.2016].

Bevölkerung. Hinzu kämen 900.000 Veganer, welche zusätzliche 1,1% der Bevölkerung ausmachten.[133]

In Umfragen werden zudem von den meisten Befragten Gründe moralisch-ethischer Natur für die vegetarische Lebensweise angegeben.[134]

6.2.2. Tötung aus wirtschaftlichen Interessen

Mit „Tötung aus wirtschaftlichen Interessen" ist an dieser Stelle im Speziellen die Tötung von Tieren gemeint, die nicht beziehungsweise nicht mehr zum anschließenden Verzehr durch den Menschen bestimmt sind. Zu nennen sind hier zum Beispiel die Massentötungen von Tieren durch Kükenbrütereien, im Zuge der Seucheneindämmung oder zum Schutz des Menschen vor potenziell kontaminiertem Fleisch, zur Beruhigung der Verbraucher sowie die Massentötungen von Tieren zur Marktpreisstabilisierung. Besonders offenkundig wird eine unterstellte Höherrangigkeit wirtschaftlicher Interessen gegenüber ethischen Aspekten in der Legehennenaufzucht, in so

---

[133] Vgl. Vegetarierbund Deutschland e.V. (VEBU) (2015): Anzahl der Veganer und Vegetarier in Deutschland. VEBU (Vegetarierbund Deutschland e. V.), Berlin. Online im Internet: URL: *https://vebu.de/veggie-fakten/entwicklung-in-zahlen/anzahl-veganer-und-vegetarier-in-deutschland/* [Stand 06.09.2016].

[134] Vgl. Worldsoffood (o.J.), Weltvegetariertag – Fakten und Zahlen zur vegetarischen Ernährung – Ethische Gründe spielen für Vegetarier die größte Rolle. Online im Internet: URL: *http://www.worldsoffood.de/gesundes-und-bio/item/1590-weltvegetariertag-fakten-und-zahlen-zur-vegetarischen-ernaehrung.html* [Stand 06.09.2016].

genannten Kükenbrütereien. Während die Hennen für die Eierproduktion aufgezogen werden, ist die Aufzucht der männlichen Küken für die Betriebe nicht rentabel, da diese zu langsam Fleisch ansetzen[135] um der Schlachtung zu Nahrungszwecken zugeführt zu werden. Unter anderem in einem Urteil des Oberverwaltungsgerichtes Münster wurde entschieden, dass die Massentötung von männlichen Küken, so genannten Eintagsküken, nicht gegen den Tierschutz verstoße und auf einem vernünftigen Grund im Sinne des Tierschutzgesetzes beruhe:

> „Das Tierschutzgesetz erlaube das Töten von Tieren, wenn dafür ein vernünftiger Grund vorliege […]. Die Aufzucht der ausgebrüteten männlichen Küken sei für die Brütereien […] mit einem unverhältnismäßig großen Aufwand verbunden, so die Urteilsbegründung."[136]

---

[135] Vgl. KECK, Christine (2016): Kommentar zum Kükenschreddern – Profit statt Ethik. In Stuttgarter Nachrichten (StN.DE), Stuttgarter Nachrichten Verlagsgesellschaft mbH (Hrsg.), Stuttgart. Online im Internet: URL: *http://www.stuttgarter-nachrichten.de/inhalt.tierschutz-profit-statt-ethik.ece2d380-6ae3-455b-afc6-57ffed28f58c.html* [Stand 09.06.2016].

[136] Deutsche Presse-Agentur (dpa/nidi) (2016), Urteil: Küken-Töten ist mit dem Tierschutzgesetz vereinbar. In: Die Welt – Politik, AUST, Stefan (Hrsg.), WeltN24 GmbH, Berlin, Online im Internet: URL: http://www.welt.de/politik/deutschland/article155524956/

Betroffen sind jährlich rund 50 Millionen männliche Küken in Deutschland.[137]

Tierseuchen wie Rinderwahnsinn (BSE), Schweinepest und Vogelgrippe gehen meist erst aus den Bedingungen der Massentierhaltung oder „Intensivhaltung", dem Lebendtransport von Schlachttieren sowie der Verfütterung von „Tiermehl" hervor. Durch diese hoch effiziente Fleischproduktion wird die Ansteckungsgefahr enorm gesteigert. Als Reaktion auf ausgebrochene Seuchen oder auch auf einen Seuchenverdacht hin, wurden in den vergangenen Jahren, legitimiert durch entsprechende Gesetze, immer wieder Massentötungen von Tieren der betroffenen Bestände vorgenommen. Zum einen sollten die Seuchen durch diese staatlichen Maßnahmen eingedämmt werden, zum anderen aber vor allem auch das Vertrauen der Verbraucher wiederhergestellt und der Marktpreis für Fleisch stabil gehalten werden.

Im Zusammenhang mit der BSE-Krise in Deutschland im Jahre 2001 wurde von Seiten des Bundeslandwirtschaftsministeriums entschieden, dass 400.000 Rinder per Verbrennung aus dem Verkehr gezogen werden sollten, um dem Fallen des Fleischpreises entgegenzutreten. Die 2001 amtierende Verbraucherschutzministerin Renate Künast äußerte zwar

---

Kueken-Toeten-ist-mit-dem-Tierschutzgesetz-vereinbar.html [Stand 06.09.2016].
[137] Vgl. KECK, 2016.

„[…] ethische Bedenken gegen eine massenhafte Beseitigung von Rindern zur Stabilisierung der Preise. Ihre Amtskollegen hätten aber einen ‚enormen Erwartungsdruck' aufgebaut, um Deutschland zu einer Teilnahme an dem Aufkaufprogramm zu bewegen. […] EU-Agrarkommissar Franz Fischler warnte die Minister vor einer Kostenlawine, falls man die fallenden Preise nicht in den Griff bekomme. Fischler legte Schätzungen vor, die auf Mehrkosten von bis zu drei Milliarden Euro (rund sechs Milliarden Mark) hinauslaufen könnten. Die Massentötung sei deshalb nötig, um die Preise zu stabilisieren."[138]

Im Zusammenhang mit Seuchenbekämpfungsmaßnahmen gegen die Vogelgrippe in Deutschland, wurden zwischen Ende Mai und Mitte Juli 2011 „[…] rund 120.000 Hühner, Puten, Enten und Gänse […]

---

[138] Deutsche Presse-Agentur (dpa) (2001), Verbrennung von 1,5 Millionen Tieren in Europa – Künast wird vermutlich 400.000 Rinder töten lassen. In: RP Online, RP Digital GmbH, Düsseldorf, Stand 30.01.2001 18:30. Online im Internet: URL: *http://www.rp-online.de/politik/kuenast-wird-vermutlich-400000-rinder-toeten-lassen-aid-1.2273863* [Stand 07.09.2016].

‚vorsorglich' getötet […]"[139]. Dieser Umstand zeigt, dass auch die Aufnahme des Tierschutzgesetzes in das deutsche Grundgesetz im Jahre 2002 nicht dazu geführt hat, dass selbiges einen höheren Stellenwert gegenüber wirtschaftlichen Interessen einschließlich Maßnahmen zur „Beruhigung von Verbrauchern" erhalten hätte. Das betreffende Geflügel wurde hierbei zudem nicht getötet, weil es tatsächlich mit dem Vogelgrippevirus infiziert war, es handelte sich um einen anderen, vergleichsweise harmlosen Erreger. Die „(…) Begründung für die behördlich verordneten Keulungen" lautete „es sei nicht ausgeschlossen, dass dieses Virus zu einem gefährlichen Vogelgrippevirus mutieren könne."[140] Der deutsche Tierschutzbund bezieht dazu wie folgt Stellung:

> „Die Tiere, bei denen das Virus festgestellt wird, werden nicht in einem Schlachthof geschlachtet, ihr Fleisch wird nicht verwertet, sondern sie werden gekeult und wie Sondermüll entsorgt. Dieses Vorgehen ist nicht nur ethisch äußerst fragwürdig, es kommt auch immer wieder zu Tierschutzproblemen bei der Tötung der wirtschaftlich

---

[139] Deutscher Tierschutzbund e.V. (o.J.): Niedrigpathogene Vogelgrippe. URL:
http://www.tierschutzbund.de/vogelgrippe.html [Stand 17.10.2011, online aktuell nicht mehr verfügbar].

[140] Ebd.

wertlosen Tiere."[141]

Die Tatsache, dass solche Massentötungen aus wirtschaftlichen Interessen vorgenommen werden, zeigt, dass eine gesetzliche Grundlage hierfür vorhanden ist. Zudem wird deutlich, dass wirtschaftliche Interessen offenbar einen „vernünftigen Grund" gemäß §1 des Tierschutzgesetzes darstellen. Vom tierethischen Standpunkt merkt Jean-Claude Wolf zu dieser Thematik an, dass die

„[...] administrativen Massentötungen von Tieren als bürokratische Maßnahme gegen Seuchen und Seuchenängste [...] [eine] tieferliegende strukturelle Gewalt sichtbar [machten], die aus der ‚Herstellung' und Verwendung von Tieren als Ressource unter Bedingungen kapitalistischer Verwertungszwänge entsteht."[142]

Dieses Vorgehen bezeichnet Jean-Claude Wolf als „doppelte Ausbeutung", nämlich zum einen zur Nutzung, zum anderen aber auch zur Wiederherstellung von Marktverhältnissen. Hierin werde die Entfernung der Menschen von der speziellen Verantwortung gegenüber den Tieren deutlich,

---

[141] Deutscher Tierschutzbund e.V. (o.J.): Niedrigpathogene Vogelgrippe.
[142] WOLF, J.-C., 2002, S. 69.

welche sie zuvor von sich abhängig gemacht haben.[143] In diesem Zusammenhang, wie auch in Bezug auf den Fleischkonsum, stellt Jean-Claude Wolf eine mangelnde Problematisierung in der Öffentlichkeit fest, was wiederum den Schluss zuließe, dass diese Form der Tiertötung nicht als ethisches Problem wahrgenommen werde.[144]

6.2.3. Jagd

Die Jagd auf Wildtiere wird im Bundesjagdgesetz gesondert geregelt. Auch wenn aus der Jagd die Tötung von Tieren resultiert, gelten hier eigene Gesetze. Im Tierschutzgesetz findet sich hierzu eine Klausel in §4 Absatz 1, in der es heißt:

> „[…] Ist die Tötung eines Wirbeltieres ohne Betäubung *im Rahmen weidgerechter Ausübung der Jagd* oder auf Grund anderer Rechtsvorschriften zulässig oder erfolgt sie im Rahmen zulässiger Schädlingsbekämpfungsmaßnahmen, so darf die Tötung nur vorgenommen werden, wenn hierbei nicht mehr als unvermeidbare Schmerzen entstehen. Ein Wirbeltier töten darf nur, wer die dazu notwendigen Kenntnisse und Fähigkeiten hat."[145]

---

[143] WOLF, J.-C., 2002, S. 69.
[144] WOLF, J.-C., 1998, o.S..
[145] §4 Absatz 1 Satz 2 TierSchG.

Das Jagdrecht ist im Rahmen von Art.14 im Grundgesetz verankert, da es an das Grundstückseigentum gebunden ist, wie aus §3 Absatz 1 des Bundesjagdgesetzes hervorgeht:

> „§ 3 Inhaber des Jagdrechts, Ausübung des Jagdrechts
> (1) Das Jagdrecht steht dem Eigentümer auf seinem Grund und Boden zu. Es ist untrennbar mit dem Eigentum am Grund und Boden verbunden. Als selbständiges dingliches Recht kann es nicht begründet werden."[146]

Beim Jagdrecht handelt es sich aufgrund seiner Verankerung im Grundgesetz um ein Grundrecht. Das Tierschutzgesetz wiederum sieht wie bereits festgestellt vor, dass die Tötung von Wildtieren im Rahmen der Jagd ohne Betäubung durchgeführt werden darf und die näheren Bestimmungen hierzu, auch in Bezug auf die Sachkunde des Jagenden, dem Bundesjagdgesetz zu entnehmen sind. Deutsche Tier- und Naturschutzverbände drängen seit geraumer Zeit darauf, dass Bundesjagdgesetz, „[…] das in wesentlichen Teilen noch dem Reichstierschutzgesetz von 1934 entspricht, grundsätzlich zu novellieren, da es weder den modernen Anforderungen des

---

[146] §3 Absatz 1 Satz 1 Bundesjagdgesetz (BJagdG).

Tierschutzes noch des Naturschutzes gerecht (...)"[147] werde. Ursprünglich diente die Jagd der Nahrungsbeschaffung, wovon in der heutigen Zeit jedoch kaum mehr die Rede sein kann. Vielmehr wird zur Begründung meist angegeben, dass die Jagd für einen ausgewogenen Wildbestand sorge und landwirtschaftliche Kulturen vor Wildschäden schütze. Parallel dazu wird allerdings, durch Wildfütterungen und das gezielte Einsetzen von jagdbarem Wild, der Wildbestand durch die Jäger selbst so weit erhöht, dass er anschließend selbigen wieder dezimieren „muss".[148] „Das Aussetzen von so genannten jagdbaren Tieren durch Jäger und die obligatorische Winterfütterung führen zu einer Verschiebung des Artenspektrums in Richtung jagdbarer Tiere."[149]

Bei der Jagd auf Geflügel wird besonders deutlich, dass es sich schlichtweg um die Ausübung eines „Jagdsports" handelt, da sich die Notwendigkeit des Bejagens von Vögeln, wie zum Beispiel

---

[147] Deutscher Tierschutzbund e.V. (o.J.): Novelle des Bundesjagdgesetzes. Online im Internet: URL: *http://www.tierschutzbund.de/kampagne-bundesjagdgesetz.html* [Stand 15.06.2016].

[148] Vgl. SAILER, Dr., Christian (2006): Das neue Staatsziel und die alte Jagd. Erschienen in: Natur und Recht Heft 5 (2006). Online im Internet: URL: *http://www.kanzlei-sailer.de/publikationen/nsaj-1.shtml* [Stand 09.06.2016]., S. 271.

[149] Deutscher Tierschutzbund e.V. (o.J.): Jagd. Das Tier als Zielscheibe. Online im Internet: URL: *http://www.tierschutzbund.de/information/hintergrund/artenschutz/jagd-auf-wildtiere/jagd.html* [Stand 15.06.2016].

Rebhühnern, nicht durch die genannten Begründungen erklären lässt. Hinzu kommt, dass die Zahl der Tiere, welche bei der Jagd zunächst nur verwundet werden, durch die mangelnde Treffsicherheit der Schützen sowie durch die Bewegung der Tiere, enorm hoch ist. Die „Trefferquote" sinkt bei entsprechenden Jagdmethoden unter ein Drittel.[150] Das Spektrum der Jagdmethoden beinhaltet auch die Fallenjagd, die Treib- und Lockvogeljagd sowie die Ausbildung von Jagdhunden an lebenden Tieren.[151] „Alles in allem kommt man um die Feststellung nicht herum: bei der Jagd wurde das Töten von Tieren vielfach zur Liebhaberei und Freizeitbeschäftigung [...]"[152], so fasst Rechtsanwalt Dr. Christian Sailer in einem Kommentar zusammen. Es stelle sich die Frage, „[...] ob das Jagdvergnügen mit einer Verfassung vereinbar ist, die den Tierschutz zum Staatsziel erhoben hat."[153]

Ob frei lebende Tiere sowie deren Tötung in gleichem Maße für die Tierethik relevant sind wie domestizierte Tiere, beleuchtet Ursula Wolf im Zuge ihrer Überlegungen zur Mensch-Tier-Beziehung. Sie stellt fest, dass zunächst zwar angenommen werden könne, dass die ethische Dimension in der Beziehung vom Menschen zum Wildtier geringer sei, sie gibt jedoch zu bedenken, dass auch Wildtiere durch das Eingreifen des Menschen in ihr Lebensumfeld in

---

[150] Vgl. SAILER, 2006, S. 271.
[151] Deutscher Tierschutzbund e.V., o.J., Jagd - Das Tier als Zielscheibe.
[152] SAILER, 2006, S. 271.
[153] Ebd.

dessen Verantwortungsbereich übergehen. Überdies habe ein Wildtier in der Jagdsituation Angst um sein Leben.[154] Das Interesse des Wildtieres weiterzuleben ist kein geringeres als das eines domestizierten Tieres. In den Bereich der ethischen Verantwortung des Menschen fällt die Berücksichtigung ebendieses Interesses schon allein, weil er es ist, der das Interesse bedroht.

Zur „Jägermoral" bemerkt Jean-Claude Wolf - wie er selbst vorwegnimmt möglicherweise etwas polemisch - im Rahmen einer Vorlesung mit dem Thema Tierethik, es komme ihm so vor, als spiegele das beschönigende Selbstbild des „Regulators in der Natur" eine nicht abgeschlossene Pubertät wieder. Einen tatsächlichen, ethisch legitimen Grund für die Jagd sehe er nicht, vor allem zumal der Mensch zuvor die „Notwendigkeit zur Jagd" selbst erst hervorrufe.[155] Im Bereich der Jagd wird, entblößt vom heroischen Deckmäntelchen, ein besonders ausgeprägtes menschliches Gewaltpotenzial sichtbar.

6.2.4. Schädlingsbekämpfung

Ein in tierethischen Überlegungen selten explizit berücksichtigtes Thema ist die Schädlingsbekämpfung. Gemäß §4 Absatz 1 des Tierschutzgesetzes, ist

---

[154] Vgl. WOLF, U., 2008, S. 179f..
[155] Vgl. WOLF, Jean-Claude (10. Mai 2007): Rechte von Tieren?. Argumente pro und contra. Vortrag am Philosophischen Seminar der Universität Heidelberg. Online im Internet: URL:
http://www.youtube.com/watch?v=36ilOeGDOF4&feature=rel ated [Stand 09.06.2016]. (Mündliche Quelle).

das betäubungslose Töten eines Wirbeltieres im Rahmen „zulässiger Schädlingsbekämpfungsmaßnahmen" rechtskonform, sofern „[…] hierbei nicht mehr als unvermeidbare Schmerzen entstehen."[156] Weiter heißt es: „Ein Wirbeltier töten darf nur, wer die dazu notwendigen Kenntnisse und Fähigkeiten hat."[157] Es besteht hierzu folgende Auflage: „Personen, die berufs- oder gewerbsmäßig regelmäßig Wirbeltiere […] töten, haben gegenüber der zuständigen Behörde einen Sachkundenachweis zu erbringen."[158] Dies betrifft folglich professionelle Schädlingsbekämpfer in Bezug auf die Tötung von als Schädlingen eingestuften Wirbeltieren.

Der Definition nach handelt es sich bei einem „[…] Tier, durch das Krankheitserreger auf Menschen übertragen werden können[…]"[159], um einen „Gesundheitsschädling".

Den Grund, warum im Bereich der Schädlingsbekämpfung kaum überhaupt ein ethisches Problem gesehen wird, legt die Definition des „Gesundheitsschädlings" nahe: der Mensch beurteilt in diesem Zusammenhang das Tier als Bedrohung der eigenen Unversehrtheit. Folglich wird das menschliche Handeln im Rahmen der Schädlingsbekämpfung als eine Form der Selbstverteidigung und somit als ethisch unproblematisch empfunden. Eine mögliche

---

[156] §4 Absatz 1 Satz 2 TierSchG.
[157] §4 Absatz 1 Satz 3 TierSchG.
[158] §4 Absatz 1a Satz 1 TierSchG.
[159] §2 Infektionsschutzgesetz (IfSG).

Tierschutzproblematik zu berücksichtigen scheint aus demselben Grund ebenfalls nachrangig zu sein.

Tatsächlich finden sich jedoch bei näherer Betrachtung sowohl wichtige tierschutzrelevante, als auch ethisch bedeutsame Aspekte im Bereich der Schädlingsbekämpfung.

Aus Sicht des Tierschutzes besteht in der Praxis unter anderem das Problem, dass die Tötungsmethoden – im Besonderen im Bezug auf Nager, wie Mäuse und Ratten – in vielen Fällen nur als tierschutzwidrig bezeichnet werden können.[160] Problematisch ist in diesem Zusammenhang auch und besonders der Umstand, dass eine Vielzahl verschiedenster Fallen und Giftköder frei verkäuflich sind. Daraus folgt, dass es sich bei einem großen Teil der Anwender nicht um sachkundige Personen im Sinne von §4 des Tierschutzgesetzes, sondern vielmehr um Privatpersonen handelt. Die *Tierärztliche Vereinigung für Tierschutz* geht davon aus, dass die private Schädlingsbekämpfung mittels Totschlagfallen „[...] aufgrund des hohen Anteils nicht sofort tötender Fänge das größte Tierschutzproblem beim Fang von Säugern darstellen [...]"[161] dürfte. Der Umstand der

---

[160] Vgl. KRUG, W., KÖNIG, R. (1993): Der Fang von Wirbeltieren aus tierschutzrechtlicher Sicht (Merkblatt Nr. 34), Tierärztliche Vereinigung für Tierschutz e. V., Bramsche (URL: *http://www.tierschutz-tvt.de/*) Merkblatt online im Internet: URL: http://www.tierschutz-tvt.de/index.php?id=merkblaetter : 6. Wildtiere und Jagd - Der Fang von Wirbeltieren aus tierschutzrechtlicher Sicht [Stand 28.09.2016], S. 4.

[161] Ebd., S.4.

freien Verkäuflichkeit der zur Tötung von Nagetieren benötigten Fallen und Gifte, legt nahe, dass die Tötung entweder als rechtskonform im Sinne „zulässiger Schädlingsbekämpfungsmaßnahmen" (§4 TierSchG) gilt, oder aber zumindest vom Gesetzgeber toleriert wird. Die Einhaltung der Auflage, dass dem gefangenen Wirbeltier bei der Tötung „[…] nicht mehr als unvermeidbare Schmerzen entstehen […]"[162], kann allerdings keinesfalls als gewährleistet angesehen werden.

Offenkundig wird, dass Tötungsmaßnahmen gegen so genannte Schädlinge grundsätzlich als völlig legitim angesehen werden. Bestenfalls werden Überlegungen angestellt, wie diese Maßnahmen aussehen dürfen. Allein die Bezeichnung „Schädling" oder drastischer „Gesundheitsschädling" lässt die Beurteilung des Sachverhaltes zunächst wohl oftmals als eindeutig erscheinen, da es rechtlich und auch ethisch vertretbar sein muss, sich vor Schaden zu schützen. Außer Acht gelassen wird hierbei allerdings vorschnell die Berücksichtigung des Schadens der hierdurch anderen Individuen entsteht, nämlich ein oftmals qualvoller und somit mit großem Leid verbundener Tod.

Schaden oder die Gefahr von Erkrankungen von sich abzuwenden, ist sicher ein Bestreben, das jedem Lebewesen allein aus dem Selbsterhaltungstrieb heraus zueigen ist. In Bezug auf die Sicht des Menschen auf (Gesundheits-)Schädlinge kommen hierbei mutmaßlich verschiedene, auch emotionale

---

[162] §4 Absatz 1 Satz 2 TierSchG.

Aspekte zum Tragen. Zum einen ist die Angst vor Krankheitsübertragung anzunehmen, zum anderen kann aber möglicherweise auch von kulturell geprägter und angelernter Abneigung gegen bestimmte Tierarten ausgegangen werden. Diese Überlegung beruht unter anderem auf der Feststellung, dass zum Beispiel die weit verbreitete Meinung herrscht, Tauben seien Krankheitsüberträger und müssten aufgrund ihrer Schädlingseigenschaften getötet werden[163], obwohl ein von Tauben ausgehendes Gefahrenpotenzial mehrfach durch offizielle Stellen widerlegt wurde.[164][165] Trotzdem werden in den Landesverfassungen von Mecklenburg-Vorpommern und Sachsen-Anhalt verwilderte Haustauben als Gesundheitsschädlinge definiert, was die Möglichkeit

---

[163] Vgl. ONKELBACH, Hans (2013): Stadtspitze will Tauben nicht töten lassen. In: RP Online, RP Digital GmbH, Düsseldorf, Stand 27.08.2013 09:29. Online im Internet: URL: *http://www.rp-online.de/nrw/staedte/duesseldorf/stadtspitze-will-tauben-nicht-toeten-lassen-aid-1.3633234* [Stand 30.09.2016].

[164] Ofizielle Stellen und Jahr des jeweiligen Gutachtens in diesem Kontext: Berliner Senator für Gesundheit und Umweltschutz (1976), Präsident des Bundesgesundheitsamtes (1989), Bundesinstitut für gesundheitlichen Verbraucherschutz und Veterinärmedizin (1997).

[165] Vgl. HEß, Elli (o.J.): Stellen Stadttauben eine Gesundheitsgefährdung dar? In Menschen für Tierrechte, Bundesverband der Tierversuchsgegner e.V., Aaachen. Online im Internet: URL: *https://www.tierrechte.de/themen/stadttauben/stellen-stadttauben-eine-gesundheitsgefaehrdung-dar* [Stand 30.09.2016].

von Tötungsaktionen im Rahmen der Schädlingsbekämpfung nach sich zieht.

Einen weiteren Grund für Schädlingsbekämpfungsmaßnahmen stellt der Schutz von materiellen Gütern dar. Dieser ist aus ethischer Sicht besonders zweifelhaft, auch wenn, wie im Abschnitt „Tötung aus wirtschaftlichen Interessen" bereits ausgeführt, wirtschaftliche Interessen offenbar einen „vernünftigen Grund" gemäß §1 des Tierschutzgesetzes darstellen.

Soll der Sachverhalt vor einem ethischen Hintergrund betrachtet werden, so scheint es sinnvoll zunächst festzustellen welche Interessen sich im Kontext der Schädlingsbekämpfung gegenüberstehen. Ohne Zweifel stellt die eigene Gesunderhaltung kein Luxusbedürfnis oder Sekundärinteresse dar und ihr muss somit der Rang eines primären Interesses von Lebewesen zukommen. Nicht zu sterben ist jedoch ein Primärinteresse, dem theoretisch sicherlich eine Höherrangigkeit gegenüber einer Erkrankung – es sei denn der Tod ist in deren Folge als sicher anzusehen – einzuräumen ist. Bedacht werden muss zudem, dass im Rahmen der Schädlingsbekämpfung immer auch Individuen getötet werden, die keine Träger von Krankheiten sind. Bei genauerem Hinsehen handelt es sich bei der Schädlingsbekämpfung keinesfalls um eine Form von Notwehrsituation, sondern vielfach vor allem um prophylaktische Tötungen. In diesem Punkt zeigt sich, dass sich die Schädlingsbekämpfung in Bezug auf ethisch zu berücksichtigende Aspekte zum Teil mit der prophylaktischen Massentötung von Tieren zugunsten der Verbraucherberuhigung im

Rahmen von Seucheneindämmungsmaßnahmen überschneidet.

Singer fordert in seiner Ethik Handlungen von einem universalen Standpunkt aus zu beurteilen, also die gleiche Interessenberücksichtigung all derer, die von der moralisch zu bewertenden Handlung betroffen sind.[166] Hierbei darf die Spezieszugehörigkeit keinen Einfluss auf die Gewichtung der Interessen haben.[167] Auch wenn Singer selbst einräumt, Probleme in der praktischen Umsetzung dieser Grundidee nicht ausschließen zu können[168] – die Schädlingsbekämpfung könnte er womöglich sogar als einen solchen Problembereich anerkennen – müsste bei konsequenter Anwendung seines Gleichheitsprinzips die Tötung von Individuen zur Vermeidung möglicher Erkrankungen anderer Individuen als ethisch nicht vertretbar gewertet werden.

Hinzu kommt in diesem Zusammenhang noch, dass die getöteten Individuen von größerer Zahl sind als diejenigen, die hierdurch vor einer Erkrankung bewahrt werden. Auch ohne eine eindeutige Beurteilung des Ranges der Einzelinteressen – würde man etwa annehmen, dass die Vermeidung des Leidens an einer Krankheit und die Vermeidung des Todes gleich zu gewichten seien – muss daher, unter Berücksichtigung der utilitaristischen Gesamtnutzenabwägung, die Tötung einer großen Menge von Individuen zum

---

[166] Vgl. SINGER, 2008, S. 25f..
[167] Vgl. ebd., S. 30f..
[168] Vgl. ebd., S. 31f..

Nutzen von einer kleineren Menge als ethisch eindeutig abzulehnen bewertet werden.

Die Tötung zur Abwehr möglicher Erkrankungen an sich kann bereits als zweifelhaftes Mittel in Bezug auf die Verhältnismäßigkeit gesehen werden. Hinzu kommt, dass im Bereich der Schädlingsbekämpfung Tiere getötet werden, da sie einer bestimmten Spezies angehören, welche als „schädlich" klassifiziert wird. Einen Nachweis, dass das einzelne getötete Tier tatsächlich auch Träger einer übertragbaren Krankheit ist, gibt es hierbei nicht. Dieser Umstand kann nach Singers Theorie nur als Speziesismus identifiziert werden. Prinzipiell kann sogar schon die Klassifizierung einer anderen Spezies als „Schädlinge" als Ausdrucksform des Speziesismus gewertet werden.

Gerade diese Klassifizierung von Tierarten wird auch von Kaplan klar abgelehnt und mit folgenden Worten kommentiert:

> „Der einzige Schädling, der nicht nur für einige, sondern für alle Lebewesen verderblich ist, ist der Mensch! Es gibt kein anderes Tier, und sei es noch so "gefährlich", das Atomkraftwerke und Atombomben baut. Das machen nur wir "vernunftbegabten" Menschen, die "Krone der Schöpfung". Deshalb haben wir von allen Lebewesen das *geringste*

Recht, andere als Schädlinge zu bezeichnen."[169]

Auch Regan wendet sich klar gegen den Speziesismus. Seiner Theorie zufolge wohnt jedem Individuum, unabhängig von Rasse, Geschlecht, Intelligenz und auch Sepzies, in gleichem Maße ein inhärenter Wert inne, auch hier wird eine grundsätzliche Gleichwertigkeit Aller festgestellt. Dieser Wert solle zudem auch unabhängig von der Nützlichkeit eines Individuums für andere Individuen sein.[170] Tiere haben keinen geringeren inhärenten Wert als Menschen. Auch sie sieht Regan als „empfindsame Subjekte eines Lebens". Wird ein so bezeichnetes Individuum seines Lebens beraubt oder auch „nur" als Schädling klassifiziert, so wird es offenkundig auf eine Art behandelt, die seinem unabhängigen Wert keinen Respekt entgegenbringt. Nach Regan hat jedes Individuum aufgrund seines inhärenten Wertes ein Recht auf respektvolle Behandlung.[171] Die Tötung und auch bereits die Herabwürdigung durch die Klassifizierung „Schädling" können daher nach Regan nur als unmoralisch eingestuft werden. Als einzig moralisch richtige Handlungsweise bewertet er zudem eine ausnahmslose Abschaffung von Tierversuchen,

---

[169] KAPLAN, Helmut F. (o.J.): Schädlinge. Tierrechte & Ethik (Helmut F. Kaplan). Online im Internet: URL: *http://www.tierrechte-kaplan.org/kompendium/a160.htm* [Stand 30.09.2016].
[170] Vgl. REGAN, 1997, S. 41.
[171] Vgl. ebd.

kommerzieller Nutztierhaltung, Jagd und Fallenstellerei.[172] Zu Letzterer lässt sich dem Vorgehen nach ebenfalls die Schädlingsbekämpfung zählen, wie es auch durch die Ausführungen der *Tierärztlichen Vereinigung für Tierschutz* nahe gelegt wird.

Schweitzer räumt den Menschen einen Ermessensspielraum ein, indem er anmerkt, dass es der eigenen Beurteilung und Abwägung des Einzelnen unterliege, wo die für ihn die „[…] äußerste Grenze der Möglichkeit des Verharrens in der Erhaltung und Förderung von Leben liegt."[173] Allerdings solle diese Abwägung stets vor dem Hintergrund „[…] der aufs höchste gesteigerten Verantwortung gegen das andere Leben […]"[174] vorgenommen werden. Selbst wenn er der Ansicht ist, dass sich dies nicht immer vermeiden ließe, vertritt auch Schweitzer grundsätzlich den Standpunkt, dass die Zufügung von Leid oder gar das Töten eines Lebewesens, unabhängig davon welcher Spezies es angehört, immer ethisch falsch sei.

6.3. Tierversuche

Die Tierversuchsproblematik wird von den meisten Tierethikern aufgegriffen, da sie ein komplexes Feld der ethischen Interessenabwägung darstellt und besonders deutlich anthropozentrische Grundhaltungen zum Vorschein bringt.

---

[172] Vgl. REGAN, 1997, S. 45f..
[173] SCHWEITZER, 1990, S.339.
[174] Ebd., S. 340.

Laut Angaben des Bundesministeriums für Ernährung und Landwirtschaft (BMEL) wurden im Jahr 2014 insgesamt 2.798.463 Tiere zu wissenschaftlichen Zwecken verwendet.[175]

Gesetzlich geregelt werden Tierversuche im umfangreichen Abschnitt fünf des Tierschutzgesetzes, entsprechend in §7 bis §9. In §7 wird zunächst eine Begriffsdefinition folgender Form geliefert:

> „Tierversuche im Sinne dieses
> Gesetzes sind Eingriffe oder
> Behandlungen zu Versuchszwecken
>   1. an Tieren, wenn sie mit
> Schmerzen, Leiden oder Schäden für
> diese Tiere verbunden sein können,
>   2. an Tieren, die dazu führen können,
> dass Tiere geboren werden oder
> schlüpfen, die Schmerzen, Leiden oder
> Schäden erleiden, oder
>   3. am Erbgut von Tieren, wenn sie
> mit Schmerzen, Leiden oder Schäden für

---

[175] Bundesministerium für Ernährung und Landwirtschaft (BMEL) (2014): artgerechte Tierhaltung - Tierschutz - Verwendung von Versuchstieren im Jahr 2014 – Zum Herunterladen – Versuchstierzahlen 2014. Online im Internet: URL: *http://www.bmel.de/DE/Tier/Tierschutz/_texte/TierschutzTierforschung.html?notFirst=true&docId=7027766* [Stand 09.09.2016].
PDF direkt unter: *http://www.bmel.de/SharedDocs/Downloads/Tier/Tierschutz/2014-TierversuchszahlenGesamt.pdf?__blob=publicationFile* [Stand 09.09.2016].

die erbgutveränderten Tiere oder deren Trägertiere verbunden sein können.

Als Tierversuche gelten auch Eingriffe oder Behandlungen, die nicht Versuchszwecken dienen, und

1. die zur Herstellung, Gewinnung, Aufbewahrung oder Vermehrung von Stoffen, Produkten oder Organismen vorgenommen werden,

2. durch die Organe oder Gewebe ganz oder teilweise entnommen werden, um zu wissenschaftlichen Zwecken

a) die Organe oder Gewebe zu transplantieren,

b) Kulturen anzulegen oder

c) isolierte Organe, Gewebe oder Zellen zu untersuchen, oder

3. die zu Aus-, Fort- oder Weiterbildungszwecken vorgenommen werden, soweit eine der in Satz 1 Nummer 1 bis 3 genannten Voraussetzungen vorliegt. Nicht als Tierversuch gilt das Töten eines Tieres, soweit dies ausschließlich erfolgt, um dessen Organe oder Gewebe zu wissenschaftlichen Zwecken zu verwenden."[176]

---

[176] §7 Absatz 2 TierSchG.

Sind Versuche nicht mit Schmerzen, Leiden oder Schäden für das betroffene Tier verbunden, so handelt es sich folglich nicht um Tierversuche. Diese Definition erscheint plausibel, da sich, etwa in der Tierverhaltensforschung, auch „Versuche" vorstellen lassen, bei denen das Tier nicht beeinträchtigt, sondern lediglich beobachtet wird.

§7a Abs. 1 legt fest, zu welchem Zweck Tierversuche durchgeführt werden dürfen, unter der Prämisse, dass sie in den entsprechenden Fällen *unerlässlich* sind.

> „(1) Tierversuche dürfen nur durchgeführt werden, soweit sie zu einem der folgenden Zwecke unerlässlich sind:
> 1. Grundlagenforschung,
> 2. sonstige Forschung mit einem der folgenden Ziele:
> a) Vorbeugung, Erkennung oder Behandlung von Krankheiten, Leiden, Körperschäden oder körperlichen Beschwerden bei Menschen oder Tieren,
> b) Erkennung oder Beeinflussung physiologischer Zustände oder Funktionen bei Menschen oder Tieren,
> c) Förderung des Wohlergehens von Tieren oder Verbesserung der Haltungsbedingungen von landwirtschaftlichen Nutztieren,

3. Schutz der Umwelt im Interesse der Gesundheit oder des Wohlbefindens von Menschen oder Tieren,

4. Entwicklung und Herstellung sowie Prüfung der Qualität, Wirksamkeit oder Unbedenklichkeit von Arzneimitteln, Lebensmitteln, Futtermitteln oder anderen Stoffen oder Produkten mit einem der in Nummer 2 Buchstabe a bis c oder Nummer 3 genannten Ziele,

5. Prüfung von Stoffen oder Produkten auf ihre Wirksamkeit gegen tierische Schädlinge,

6. Forschung im Hinblick auf die Erhaltung der Arten,

7. Aus-, Fort- oder Weiterbildung,

8. gerichtsmedizinische Untersuchungen.

Tierversuche zur Aus-, Fort- oder Weiterbildung nach Satz 1 Nummer 7 dürfen nur durchgeführt werden

1. an einer Hochschule, einer anderen wissenschaftlichen Einrichtung oder einem Krankenhaus oder

2. im Rahmen einer Aus-, Fort- oder Weiterbildung für Heil- oder Heilhilfsberufe oder naturwissenschaftliche Hilfsberufe."[177]

---

[177] §7a Absatz 1 TierSchG.

Zum Begriff der „Unerlässlichkeit" findet sich zudem folgende Maßgabe:

> „Bei der Entscheidung, ob ein Tierversuch unerlässlich ist […] sind folgende Grundsätze zu beachten:
> 1. Der jeweilige Stand der wissenschaftlichen Erkenntnisse ist zugrunde zu legen.
> 2. Es ist zu prüfen, ob der verfolgte Zweck nicht durch andere Methoden oder Verfahren erreicht werden kann."[178]

Auch die ethische Vertretbarkeit von Tierversuchen findet Erwähnung im Tierschutzgesetz. So heißt es hierzu in §7a Abs. 2, Satz 3:

> „Versuche an Wirbeltieren oder Kopffüßern dürfen nur durchgeführt werden, wenn die zu erwartenden Schmerzen, Leiden oder Schäden der Tiere im Hinblick auf den Versuchszweck ethisch vertretbar sind."[179]

Diese Vorgabe ist jedoch sehr zweifelhaft, da sich, aufgrund mangelnder Begriffsklarheit im rechtlichen Bereich, nicht feststellen lässt, was „ethisch vertretbar" im Einzelnen bedeutet. Zudem findet sich

---

[178] §7a Absatz 2 Satz 1 und 2 TierSchG.
[179] §7a Absatz 2 Satz 3 TierSchG.

die Wendung „im Hinblick auf den Versuchszweck", welcher jedoch durch den Tierversuchsantragssteller formuliert wird und entsprechend dargestellt werden kann. In der Fassung des Tierschutzgesetzes in der Bekanntmachung vom 18. Mai 2006 fand sich hierzu noch die Formulierung

> „Versuche an Wirbeltieren dürfen nur durchgeführt werden, wenn die zu erwartenden Schmerzen, Leiden oder Schäden der Versuchstiere im Hinblick auf den Versuchszweck ethisch vertretbar sind. Versuche an Wirbeltieren, die zu länger anhaltenden oder sich wiederholenden erheblichen Schmerzen oder Leiden führen, dürfen nur durchgeführt werden, wenn die angestrebten Ergebnisse vermuten lassen, dass sie für wesentliche Bedürfnisse von Mensch oder Tier einschließlich der Lösung wissenschaftlicher Probleme von hervorragender Bedeutung sein werden."[180]

Auch hier wurde also bereits die ethische Vertretbarkeit vorausgesetzt. Zusätzlich wurde allerdings auf die Vermutung einer hervorragenden Bedeutung des angestrebten Ergebnisses verwiesen. Die Formulierung zeigt, dass der Tierversuchs-

---

[180] §7 Absatz 3 Satz 1 und 2 TierSchG (idF v. 18.5.2006).

antragssteller die Notwendigkeit seines Versuchsvorhabens auf eine Vermutung stützen konnte. In der geänderten Fassung des Gesetzes findet sich diese Formulierung zwar nicht mehr, dennoch muss es sich bei dem angestrebten Ergebnis, also dem Versuchszweck, zwangsläufig um eine Vermutung handeln. Eine sichere Erkenntnis über das Erreichen eines bestimmten Versuchsergebnisses ist zum einen im Vorfeld nicht möglich und würde den Versuch an sich zum anderen sogar unnötig machen.

Zur Grundlagenforschung (§7a Abs. 1 Satz 1 TierSchG) definiert das Bundesministerium für Bildung und Forschung (BMBF) folgenden Zweck: „Sie dient zunächst allein dem Streben des Menschen nach Erkenntnis. Unmittelbar anwendbare Ergebnisse sind nicht ihr erstes Ziel."[181] Anhand dieser Definition der Grundlagenforschung wird ersichtlich, dass der Versuchszweck sich nicht in einem klar umgrenzten Rahmen bewegt, sondern im Grunde ein beliebiger sein kann und zwar dergestalt, dass ein

---

[181] Bundesministerium für Bildung und Forschung (BMBF) (2001): Hightech statt Tiere - Ersatz- und Ergänzungsmethoden zu Tierversuchen - Grundlagen – Ergebnisse – Perspektiven -Tierversuche in der Grundlagenforschung. Bundesministerium für Bildung und Forschung (BMBF) Referat Öffentlichkeitsarbeit, Bonn, Bundesministerium für Verbraucherschutz, Ernährung und Landwirtschaft (BMVEL) Referat Öffentlichkeitsarbeit, Bonn, Bundesministerium für Gesundheit (BMG) Referat Öffentlichkeitsarbeit, Bonn, Bundesministerium für Umwelt, Naturschutz und Reaktorsicherheit (BMU) Referat Öffentlichkeitsarbeit, Berlin (Hrsg.), S. 67.

Experimentator nach eigenem Interesse einen Versuchszweck formulieren kann. Grundsätzlich muss der Versuch keine reale Anwendbarkeit der Ergebnisse für eine bestimmte Forschung nach sich ziehen. Im Bereich der Grundlagenforschung seien, so heißt es an dieser Stelle weiter, „[...] Untersuchungen an und mit Tieren ein unverzichtbarer Bestandteil der empirisch ausgerichteten biowissenschaftlichen Disziplinen."[182] Das menschliche Streben nach Erkenntnis an sich wird folglich als Begründung für die Unerlässlichkeit, sowie auch die ethische Vertretbarkeit eines Tierversuches anerkannt.

Die *Tierschutzakademie* des *Deutschen Tierschutzbundes* weist darauf hin, dass von einem tierschützerischen Standpunkt Tierversuche aus ethischen Gründen abzulehnen seien, aber darüber hinaus auch wissenschaftliche Gründe gegen Tierversuche sprächen. So seien tierversuchsfreie Verfahren nicht nur ethisch einzufordern, zumal sie vielfach möglich sind, sie seien überdies auch aussagekräftiger.[183]

Vor allem in der Grundlagenforschung, also gemäß §7a Abs. 1 Satz 1, wie auch in der angewandten Forschung „[...] werden Tiere eingesetzt, um alle nur erdenklichen Fragestellungen

---

[182] Bundesministerium für Bildung und Forschung, 2001, S. 67.
[183] Vgl. Deutscher Tierschutzbund e.V. (o.J.): Tierversuche.
Einführung zur Problematik von Tierversuchen. Online im Internet: URL:
http://www.tierschutzbund.de/information/hintergrund/tierversuche/einfuehrung.html [Stand 15.06.2016].

zu beantworten, ohne dass ein erkennbarer Zusammenhang mit dem Wohl des Menschen besteht."[184]

Unterdessen seien Tierversuche in der heutigen Gesellschaft nach wie vor weitgehend akzeptiert, da sie für notwendig gehalten werden für die Gesundheit und Sicherheit des Menschen, aber auch für den wissenschaftlichen Fortschritt.[185] Diese breite Akzeptanz lässt sich nur auf eine anthropozentrische Grundhaltung zurückführen, auf deren Basis das Quälen und Töten vieler Tiere im Dienste eines potenziellen Fortschritts für den Menschen gerechtfertigt werden kann.

Eine von der Europäischen Koalition zur Beendigung von Tierversuchen (ECEAE) im Zusammenhang mit der Novellierung der EU-Tierversuchsrichtlinie in Auftrag gegebene und im Jahr 2009 durchgeführte Umfrage durch das Umfrageinstitut YouGov zeigt allerdings, dass ein Großteil der Bevölkerung Deutschlands Tierversuchen, zumindest in bestimmten Fällen durchaus kritisch gegenüber steht. So gaben unter anderem 89% der Befragten an, dass sie gänzlich oder überwiegend der Ansicht seien, „[…] dass die neue Richtlinie alle Tierversuche - unabhängig von der Tierart - verbieten soll, die mit schweren Schmerzen oder Leiden für die Tiere einhergehen."[186] Außerdem gaben 84% der

---

[184] Deutscher Tierschutzbund e.V. o.J., Tierversuche.
[185] Vgl. Deutscher Tierschutzbund e.V. (o.J.): Tierversuche. Einführung zur Problematik von Tierversuchen.
[186] Ärzte gegen Tierversuche e.V. (o.J.): Vereinsportrait. Ärzte gegen Tierversuche e.V., Köln. Online im Internet: URL:

Befragten an, gänzlich oder überwiegend der Meinung zu sein, „[…] dass alle Informationen zu Tierversuchen öffentlich zugänglich gemacht werden [sollten], ausgenommen vertrauliche Daten sowie Informationen, die Rückschlüsse auf die Forscher und deren Arbeitsplätze zulassen."[187] Es besteht also offensichtlich zudem ein Interesse an mehr Transparenz in Bezug auf durchgeführte Tierversuche.

Um die tatsächliche Aussagekraft von Tierversuchen zu ermitteln, wurde eine entsprechende Langzeitstudie durchgeführt, im Rahmen derer an drei bayrischen Universitäten die zur Versuchsbegründung angegebene Vermutung über deren Ergebnisse und die tatsächlichen Resultate der entsprechenden tierexperimentellen Forschung untersucht wurden.

Das Fazit der Studie wird wie folgt zusammengefasst:

> „Kein einziges der begutachteten Tierversuchsprojekte führte zu einer neuen Therapie oder einer Verbesserung einer solchen, obwohl dies im ursprünglichen Tierversuchsantrag in Aussicht gestellt wurde. Zurückblickend

---

https://www.aerzte-gegen-tierversuche.de/de/infos/statistiken/259-europas-buerger-wollen-keine-grausamen-tierversuchet [Stand 07.09.2016].

[187] Ärzte gegen Tierversuche e.V. (o.J.): Vereinsportrait.

muss daher geschlossen werden, dass die Tierversuche in Hinblick auf den versprochenen medizinischen Forschritt völlig unnötig waren und aus der heutigen Perspektive nicht hätten genehmigt werden dürfen. Die Tierexperimentatoren haben in ihren Anträgen den Nutzen der Tierversuche schlichtweg maßlos übertrieben, um die Notwendigkeit der Versuche glaubhaft zu machen."[188]

Die Studie belegt somit sehr eindeutig die Tragweite der oben bereits erwähnten Problematik in Bezug auf die Begründung von Tierversuchen durch Vermutungen, wie sie im Tierschutzgesetz vorgesehen ist.

Auch Peter Singer stellt zur Praxis der Tierversuche fest, dass zunächst einmal die größte Zahl der Versuche völlig unnötigen Zwecken diene und – sinngemäß – aus der schlichten und unverhohlen sadistischen Neugierde der Experimentatoren heraus vorgenommen werde. Diese Versuche seien demzufolge generell unethisch. Vom utilitaristischen Standpunkt aus, so Singer, müsste bei gleicher Interessenberücksichtigung eingeräumt

---

[188] Deutscher Tierschutzbund e.V. (o.J.): Kritik an Tierversuchen.
　　Online im Internet: URL:
　　http://www.tierschutzakademie.de/1479.html
　　[Stand 10.11.2011, online aktuell nicht mehr verfügbar].

werden, dass ein einzelner Tierversuch, der zur Heilung von vielen Menschen führen würde, legitim sei. Allerdings unter der Prämisse, dass dieser nicht am Tier durchgeführt wird aufgrund einer angenommenen Minderwertigkeit seiner Spezies gegenüber der Spezies Mensch, sondern rein aufgrund der Gesamtinteressenabwägung, welche speziesunabhängig erfolgen müsse.[189]

> „Experimentatoren sind demnach stets voreingenommen zugunsten ihrer eigenen Gattung, wenn sie ihre Experimente an nicht menschlichen Lebewesen für Zwecke durchführen, von denen sie nicht annehmen würden, dass sie die Verwendung von Menschen mit gleichem oder niedrigerem Niveau der Empfindung, des Bewusstseins und der Sensibilität rechtfertigen würde."[190]

Der Speziesismus zeige sich daher in der Tierversuchsdebatte besonders deutlich, so Singer.[191] Allerdings belegt das hier angeführte Zitat auch, dass Singer inkonsequenterweise durchaus eine Ungleichgewichtung von Interessen einräumt, nämlich je nach Grad des Empfindungs-, Bewusstseins- und Sensibilitätsniveaus.

---

[189] Vgl. SINGER, Peter (2008): Tierversuche. In WOLF, Ursula (Hrsg.): Texte zur Tierethik. Reclams Universal-Bibliothek, Stuttgart, 232-235, S. 232-235.
[190] Ebd., S. 235.
[191] Vgl. ebd., S. 232.

Dieses Ungleichgewicht ließe sich zum Beispiel durch den kontraktualistischen Ansatz von Mark Rowlands ausschließen, da er die genannten Parameter als nicht vom Individuum beeinflussbar, für moralisch irrelevant erklärt. Die gleiche Interessenberücksichtigung dürfte also nicht durch sie relativiert werden.

Ursula Wolf erklärt die utilitaristische Herangehensweise ebenfalls für nicht standhaft, da sie „[…] eindeutig gegen die Moralkonzeption einer gleichen Rücksicht auf alle leidensfähigen Wesen"[192] verstoße. Im Fall von Tierversuchen herrsche die Annahme, dass das Tier stellvertretend für den Menschen leide, das Leiden also über die Individuengrenzen hinweg austauschbar sei.

> „Wenn das Kriterium, das ein Wesen zu einem Träger moralischer Rechte macht, die Leidensfähigkeit ist und wir beim einen Teil der leidensfähigen Wesen, den Personen, solche Kalkulationen für schlicht unzulässig erachten, dann können wir nicht sagen, dass sie bei einem anderen Teil der leidensfähigen Wesen, den Tieren, zulässig sind."[193]

Tom Regan sieht in der Praxis der Forschung mittels Tierversuchen einen routinemäßigen und

---

[192] WOLF, U., 1997, S. 69.
[193] Ebd.

systematischen Verstoß gegen das Recht der Tiere mit Respekt behandelt zu werden. „Dies gilt ebenso für Forschungen, die einen wirklichen Nutzen für die Menschheit versprechen."[194] In der Konsequenz bedeute dies, dass die einzig richtige Forderung nicht die nach besseren Bedingungen für die Labortiere und die Reduktion der Tierversuche sein könne, sondern nur die nach der vollständigen Abschaffung von Tierversuchen.[195]

In Jean-Claude Wolfs Tugendethik zeichnet sich eine gewisse Akzeptanz gegenüber Tierversuchen ab, sofern sie nicht „[…] zur Entwicklung von Therapien und Medikamenten gegen Zivilisationskrankheiten […]"[196] durchgeführt werden. Abzulehnen seien auch „[…] qualvolle und monströse Tierversuche (…), etwa die künstliche Erzeugung von Krebsmäusen."[197] Eine grundsätzliche und kompromisslose Ablehnung von Tierversuchen lässt sich in der tugendethischen Position nicht ausmachen. Ein Grund hierfür liegt mutmaßlich in der Tatsache, dass die tugendethische Position insofern eine anthropozentrische ist als sie notwendigerweise vom Menschen, der allein Träger von Tugenden sein kann, ausgehen muss. Es lässt sich jedoch klar feststellen, dass unnötige Tierversuche, wie sie sich auch auf Basis der geltenden Regelungen im deutschen Tierschutzgesetz durchführen lassen, von Jean-Claude Wolf generell abgelehnt werden.

---

[194] REGAN, 1997, S. 45.
[195] Ebd.
[196] WOLF, J.-C., 2002, S. 66.
[197] Ebd.

Zumindest diese Versuche würden „[...] schwache und von unserer Willkür abhängige Wesen als Ressourcen (...) missbrauchen und zu Instrumenten (...) erniedrigen."[198]

Insgesamt lässt sich feststellen, dass abgesehen von einer anthropozentrischen Sichtweise, Tierversuche lediglich von einem utilitaristischen Standpunkt, unter entsprechenden Umständen, für ethisch legitim befunden werden können. Andere tierethische Positionen, die ebenfalls vom pathozentrischen Gleichheitsprinzip ausgehen, das Einzelinteresse jedoch als absolut und unantastbar begreifen, müssen die Legitimation von Tierversuchen konsequenterweise ausschließen.

6.4. Tierschutz, Tierethik und Religion

Das Verhältnis von Religion und Tierethik ist ein viel diskutiertes. Ursächlich hierfür ist der, der – in Bezug auf Deutschland – christlichen Religion zugrunde liegende Anthropozentrismus. Dieser zeigt sich in der Annahme, dass der Mensch gottesebenbildlich sei und die „Krone der Schöpfung", was in der Konsequenz bedeutet, dass den Tieren ein niederer Rang in der Welt zukommen muss. Ob vor einem solch anthropozentrischen Hintergrund überhaupt in sinnvoller Weise tierethische Positionen entwickelt werden können, ist sehr umstritten. Tatsächlich finden sich auch nur wenige dieser Ansätze, als Beispiel dienen die in der

---

[198] WOLF, J.-C., 2002, S. 66.

Theorienbetrachtung vorgestellten Positionen Albert Schweitzers und Heike Baranzkes.

In Bezug auf das Tierschutzgesetz wird notwendigerweise der religiöse Hintergrund zu betrachten sein und zwar aus folgendem Grund: Das Tierschutzgesetz basiert kulturell gesehen auf einer christlich geprägten Gesetzgebung. Wenn auch immer wieder diskutiert, so ist in der Präambel des deutschen Grundgesetzes nach wie vor zu lesen: „Im Bewusstsein seiner Verantwortung *vor Gott* und den Menschen [...]"[199]. Die christliche Weltanschauung ist offensichtlich ein Teil der deutschen Kultur, was sich auch im Gesetz niederschlägt. Es ist also davon auszugehen, dass der zugrunde liegende anthropozentrische Blickwinkel sich in zweierlei Weise auf den Umgang mit Tieren auswirkt: zum einen im Selbstverständnis der Menschen die eigene Spezies als höherwertig zu betrachten und andere Spezies „gottgewollt" zu unterwerfen, zum anderen in der daraus resultierenden Gesetzgebung.

An dieser Stelle soll der Begriff der „Mitgeschöpflichkeit" (§1 Tierschutzgesetz) wieder aufgegriffen werden. Zuvor wurde die Frage aufgeworfen, ob die Begrifflichkeit für tierschützerische Belange glücklich gewählt ist. Vor dem Hintergrund des Anthropozentrismusvorwurfs und dem einer nahezu durchweg pathozentrisch geprägten Tierethik lässt sich dies sicher verneinen. Die christliche Weltanschauung schließt ein pathozentrisches Gleichheitsprinzip von vornherein

---

[199] Präambel GG.

aus. Tierethische Positionen, welche auf diesem Gleichheitsprinzip basieren, werden es entsprechend schwer haben gesamtkulturell und vor allem gesetzlich anerkannt zu werden. Wie an den Positionen von Albert Schweitzer und Heike Baranzke gezeigt, wurde auch vor einem christlichen Hintergrund versucht, tierethische Argumente zu formulieren. Für beide Positionen gilt, dass sie aus anthropozentrischer Sicht entweder auf einer „Ehrfurcht" vor der göttlichen Schöpfung, wie es bei Albert Schweitzer der Fall ist oder aber auf Mitleid für andere Kreaturen, also „Mitgeschöpfen" basieren, wie in der Position von Heike Baranzke. Das Wohl der Tiere ist in beiden Fällen davon abhängig, dass der Mensch „gut vor Gott" sein möchte. Eine prinzipiell ähnliche Grundannahme liefert ferner die Tugendethik, auch wenn das Streben nach Tugendhaftigkeit nicht notwendig auf einem Gottesglauben fußen muss. Problematisch ist in jedem Fall, dass – zumal nicht gesetzlich festlegbar – dieses Bestreben nicht tatsächlich jedem Menschen innewohnt. Fragwürdig ist folglich, ob das Streben gut und richtig zu handeln als Grundlage für einen tatsächlich richtigen Umgang mit Tieren dienen kann. Hinzukommt, dass es zwar nahe liegend scheint den Ausgangspunkt des Anthropozentrismus – in Bezug auf Deutschland zumindest – in der christlich geprägten Kultur zu verorten, jedoch eine Unterwerfung der Tiere auch durch die technischen Möglichkeiten gegeben ist und somit auch ohne einen religiös-anthropozentrischen Grundgedanken weitergeführt werden kann und wohl zumeist auch wird.

Wenn Tiere also, wie es faktisch der Fall ist, vom Menschen unterdrückt werden, dann geschieht dies in den allermeisten Fällen nicht mehr unter Berufung auf eine religiös begründete Rechtmäßigkeit.

6.5. Great Ape Project: Anthropozentrische Differenzierung von Tierarten

Sowohl im Tierschutzgesetz als auch im aktiven Tierschutz lässt sich eine anthropozentrische Differenzierung von Tierarten feststellen. Im Tierschutzgesetz beziehen sich die einzelnen Regelungen vorrangig auf Wirbeltiere, auch wenn der Grundsatz des Gesetzes alle Tiere einschließt. Geht man vom Pathozentrismus aus, so erscheint die besondere Rücksicht auf Wirbeltiere aufgrund ihres Nervensystems plausibel. Den aktiven, auf tierethischen Argumenten begründeten Tierschutz betreffend, zeigt sich jedoch ebenfalls eine Tendenz zum Anthropozentrismus, welcher grundsätzlich nicht mit dem Pathozentrismus vereinbar ist. Gemeint ist hier die besondere Hervorhebung der Schutzwürdigkeit von großen Menschenaffen (Schimpansen, Gorillas und Orang-Utans), wie sie zum Beispiel am „Great Ape Project" deutlich wird. Das Projekt, an dem sich unter anderem auch Peter Singer beteiligt, zielt darauf ab, dass großen Menschenaffen Menschenrechte (das Recht auf Leben, der Schutz der individuellen

Freiheit, das Verbot der Folter) zugesprochen werden.[200]

Was zunächst, im Sinne des Gleichheitsprinzips, absolut im Interesse des pathozentrischen Tierschutzes erscheint, ist auf den zweiten Blick nicht unbedenklich. Die Hervorhebung der Schutzwürdigkeit von großen Menschenaffen kann natürlich, wie die Projektteilnehmer beabsichtigen, dazu führen, dass die Speziesgrenze „durchbrochen" wird und nach und nach weiteren Arten dieselben Rechte zugestanden werden – was tierethisch natürlich wünschenswert wäre – sie kann jedoch auch leicht fehlinterpretiert werden. Etwa in der Art, dass die Schutzwürdigkeit von Tieren von ihrer biologisch-verwandtschaftlichen Nähe zum Menschen abhinge. Um einer pathozentrischen Tierethik zur realen Umsetzung zu verhelfen, könnte das „Great Ape Project" dennoch der erste Schritt auf dem Weg zu einem gesetzlich verankerten Gleichheitsprinzip über die Speziesgrenze hinweg sein. Letztendlich jedoch, so Helmut F. Kaplan, in einer Stellungnahme zum „Great Ape Project",

> „(...) kann und darf das Ziel nur in der Befreiung aller Tiere bestehen. Jedes andere Ziel wäre moralisch fragwürdig

---

[200] Vgl. CAVALIERI, Paola, SINGER, Peter et al. (1994): Great Ape Project. Vorwort. The Great Ape Project - Equality beyond Humanity. London 1993 (deutsch: Menschenrechte für die Großen Menschenaffen. München 1994). Online im Internet: URL: *http://greatapeproject.de/greatapeproject/* [Stand 09.06.2016].

und strategisch kurzsichtig. Die Interessen aller Tiere müssen entsprechend ihrer Art und Ausprägung ethisch berücksichtigt und rechtlich geschützt werden. Die moralische Sphäre muß so weit ausgedehnt werden, bis sie alle umschließt, die ihres Schutzes bedürfen."[201]

---

[201] KAPLAN, Helmut F. (o.J.): Was hat das Great Ape Projekt mit der Tierrechtsbewegung zu tun?. Tierrechte & Ethik (Helmut F. Kaplan). Online im Internet: URL: *http://www.tierrechte-kaplan.org/kompendium/a180.htm* [Stand 09.06.2016].

7. Fazit und Ausblick

Zusammenfassend lässt sich feststellen, dass das deutsche Tierschutzgesetz nicht, wie es sich zunächst vermuten ließe, die Schutzinteressen der Tiere im Fokus hat, sondern es vielmehr ein Nutzungsgesetz ist. Rechtlich geregelt werden Umfang und Bedingungen der menschlichen Tiernutzung, welche nahezu uneingeschränkt ermöglicht wird. Wenn das deutsche Tierschutzgesetz, wie oft gesagt wird, eines der besten der Welt ist, dann so meine ich, wirft das von einem tierethischen Standpunkt ein schlechtes Licht auf die Menschheit.

Dass der Mensch eine Verantwortung gegenüber den Tieren hat, ergibt sich aus der Tatsache, dass er sie domestiziert und von sich abhängig macht, aber auch dadurch, dass er in den Lebensraum nicht domestizierter Tiere stark eingreift und diese in der Folge vielfach ebenfalls auf ihn angewiesen sind um überleben zu können. Diese ethische Verantwortung schlägt sich zwar wörtlich im Gesetz nieder, jedoch wird dieses ihr im Weiteren nicht gerecht.

Moralische Rechte für Tiere und die ethische Verantwortung des Menschen, ihnen diese zuzugestehen, lassen sich vor dem Hintergrund tierethischer Betrachtungen nicht von der Hand weisen. Ein Einwand gegen das pathozentrisch begründete Gleichheitsprinzip aller leidensfähigen Wesen lässt sich nur von Seiten eines anthropozentrischen Standpunktes formulieren. Dieser Standpunkt wiederum lässt sich schwerlich rechtfertigen, sofern er sich nicht auf religiöse Hintergründe, welche keinen ethischen

Allgemeinheitsanspruch erheben können oder aber auf das Recht des Stärkeren berufen soll.

Die Fähigkeit des Menschen zu ethischer Einsicht, zwingt ihn gleichsam dieser zu entsprechen. Um zu verhindern, dass jeder Einzelne seiner eigenen, wie auch immer gearteten Moralvorstellung folgt, existieren Gesetze innerhalb einer Gesellschaft, welche die allgemein anerkannten ethischen Grundsätze widerspiegeln sollen. Diese Gesetze schützen auch diejenigen Menschen, die nicht für sich selbst sprechen können, um ihren Rechtsanspruch geltend zu machen, wie etwa Kinder oder geistig behinderte Menschen. Entsprechende Personen werden durch das Gesetz geschützt, da die Allgemeinheit deren Benachteiligung für ethisch falsch befindet. Tiere, die ebenfalls nicht für sich sprechen können, die aber gleichermaßen leidensfähig sind wie Menschen und die in der Gesellschaft der Menschen leben, müssten als Schwächere, setzt man eine konsequente Ethik voraus, ebenso durch das Gesetz geschützt werden.

Die eingangs formulierte Frage, ob Tiere in unserer Gesellschaft Rechte haben, lässt sich nur verneinen. Im Grundsatz des Tierschutzgesetzes werden den Menschen zwar, unter Berufung auf ihre Verantwortung gegenüber den Tieren und grundsätzlich auch basierend auf der Anerkennung der Leidensfähigkeit von Tieren, Pflichten auferlegt, die sie jedoch zugleich auf vielen Wegen zu umgehen berechtigt werden. Der Grund für die gesetzliche Rechtlosigkeit der Tiere, wird durch die nähere Betrachtung des Tierschutzgesetzes deutlich: menschliche Nutzungsinteressen. Das Primärinteresse der

Tiere an Leben und Unversehrtheit steht hier menschlichen Gelüsten gegenüber, die rein aufgrund der Tatsache höher gewertet werden, dass die Menschen die Gesetzgeber sind. Von der offenkundig bewussten Verantwortung der Menschen gegenüber den abhängig gemachten Tieren zeigt sich in der, durch das Gesetz legitimierten, Praxis kaum etwas. „Rechte der Tiere" ist eine rein tierethische Begrifflichkeit und selbst das Zugeständnis von Schutzwürdigkeit bleibt, ohne daraus resultierende juristische Rechte, eine symbolische Klausel.

Unter den gegebenen Umständen, einschließlich der Rechtslage, ist es um den Tierschutz schlecht bestellt. Zumal wenn man bedenkt, dass dasselbe Ministerium für die Einhaltung des ohnehin schwachen Tierschutzgesetzes zuständig ist, welches unter dem Druck von Wirtschaftsinteressen Massentötungen von Tieren zur Marktpreisstabilisierung und Verbraucherberuhigung stattgibt. Unterdessen wird dem deutschen Tierschutzbund, trotz seines seriösen tierethischen Hintergrundes, lediglich in einigen Bundesländern, nicht jedoch auf Bundesebene, die Möglichkeit eingeräumt, für die Tiere zu sprechen, wo es juristisch vonnöten ist.

Was also kann oder muss ethisch betrachtet getan werden um das Unrecht, das den Tieren zuteil wird, zu unterbinden?

Um den aus tierethischer Sicht grundlegenden Missstand im Mensch-Tier-Verhältnis auszuräumen, reicht es nicht, die Bedingungen für die Tiere hier und da zu verbessern, vielmehr müsste notwendigerweise eine ganz neue Basis geschaffen werden. Ein Gesetz das, anstatt aus der Möglichkeit des Menschen zur Unterwerfung der Tiere zu resultieren, die Gemeinsamkeiten der Spezies zur Grundlage hat. Natürlich ist es weinig sinnvoll, einem Tier Religions- oder Meinungsfreiheit zuzusprechen, es ist jedoch vom tierethischen Standpunkt unabdingbar, ihm die Grundrechte, also das Recht auf Leben, auf individuelle Freiheit und auf Schutz vor Misshandlung, zuzugestehen.

Solange es den Menschen gesetzlich erlaubt ist, Tiere nach eigenen Interessen zu nutzen, sie zu quälen und zu töten und solange die Wirtschaft es den Konsumenten besonders leicht macht bequem wegzusehen, wird die tierethische Problematik in unserer Gesellschaft nicht in ausreichender Weise als solche wahrgenommen werden. An die Moral der Menschen zu appellieren erscheint in diesem Kontext wenig aussichtsreich, da die meisten vor lauter Gewohnheit und Bequemlichkeit ihr Gewissen gut ignorieren können. Eine entsprechende gesetzliche Grundlage hingegen ließe sich nicht ignorieren.

Quellenverzeichnis

Literatur

BARANZKE, Heike (2002): Was ist die „Würde der Tiere"?. In LIECHTI, Martin (Hrsg.): Die Würde des Tieres. Tierrechte – Menschenpflichten, Bd. 7. Harald Fischer Verlag, Erlangen, 25-46.

BARANZKE, Heike (2002): Tierethik. In DÜWELL, Marcus, HÜBENTHAL, Christoph, WERNER, Micha H. (Hrsg.): Handbuch Ethik. 2. überarbeitete Auflage 2006, J.B. Metzler, Stuttgart, 288- 291.

BIRNBACHER, Dieter (2006): Bioethik zwischen Natur Und Interesse. Suhrkamp Verlag (= Taschenbuch Wissenschaft), Frankfurt am Main.

CAVALIERI, Paola, SINGER, Peter et al. (1994): Great Ape Project. Vorwort. The Great Ape Project - Equality beyond Humanity. London 1993 (deutsch: Menschenrechte für die Großen Menschenaffen. München 1994).
Online im Internet: URL:
http://greatapeproject.de/greatapeproject/
[Stand 09.06.2016].

CHMIELEWSKA, J., BERT, B., GRUNE, B. et al.: Der "vernünftige Grund" zur Tötung überzähligen Tieren. Eine klassische Frage des Tierschutzrechts im Kontext der biomedizinischen Forschung. In: Natur und Recht Hrsg.: Prof. Battis, U., Bußjäger,

P., Vorarlberger, Carlsen, C.. Berlin Heidelberg: Springer 2015. S. 677-682.
Online im Internet. URL:
http://link.springer.com/article/10.1007/s10357-015-2903-9
[Stand: 22.08.2016].
Zitationsvorgabe des Herausgebers:
Chmielewska, J., Bert, B., Grune, B. et al. NuR (2015) 37: 677. doi:10.1007/s10357-015-2903-9

HARDTUNG, Dr., Bernhard (1998): Repetitorium im Strafrecht BT. Sachbeschädigung (§ 303 StGB). Juli 1998.
Online im Internet: URL:
http://www.ruhr-uni-bochum.de/ls-hoernle/e_herzberg/texte/rep303.htm
[Stand 09.06.2016].

HEß, Elli (o.J.): Stellen Stadttauben eine Gesundheitsgefährdung dar? In Menschen für Tierrechte, Bundesverband der Tierversuchsgegner e.V., Aaachen.
Online im Internet: URL:
https://www.tierrechte.de/themen/stadttauben/stellen-stadttauben-eine-gesundheitsgefaehrdung-dar
[Stand 30.09.2016].

HILDT, Elisabeth (2008): Tierethik. In Bundeszentrale für politische Bildung: Dossier Bioethik.
URL:
http://www.bpb.de/themen/69E9GW,0,0,Tierethik.html
[Stand 12.10.2011, online aktuell nicht mehr verfügbar].

JOHN, Jörg (2007): Tierrecht. Saxonia Verlag, Dresden.

KAPLAN, Helmut F. (o.J.): Grüne und Konservative gegen Tiere. Tierrechte & Ethik (Helmut F. Kaplan).
Online im Internet: URL: *http://www.tierrechtekaplan.org/kompendium/a416.htm* [Stand 09.06.2016].

KAPLAN, Helmut F. (o.J.): Schädlinge. Tierrechte & Ethik (Helmut F. Kaplan).
Online im Internet: URL: *http://www.tierrechte-kaplan.org/kompendium/a160.htm* [Stand 30.09.2016]

KAPLAN, Helmut F. (o.J.): Tierrechte und Utilitarismus – Singer stellt klar, Tierversuche abzulehnen. Tierrechte & Ethik (Helmut F. Kaplan).
Online im Internet: URL: *http://www.tierrechte-kaplan.org/kompendium/a364.htm* [Stand 09.06.2016].

KAPLAN, Helmut F. (o.J.): Was hat das Great Ape Projekt mit der Tierrechtsbewegung zu tun?. Tierrechte & Ethik (Helmut F. Kaplan).
Online im Internet: URL: *http://www.tierrechte-kaplan.org/kompendium/a180.htm* [Stand 09.06.2016].

KAPLAN, Helmut F. (o.J.): Wozu Tierrechtsphilosophie?. Tierrechte & Ethik (Helmut F. Kaplan).
Online im Internet: URL: *www.tierrechte-kaplan.org/kompendium/a294.htm* [Stand 09.06.2016].

KECK, Christine (2016): Kommentar zum Kükenschreddern – Profit statt Ethik. In Stuttgarter Nachrichten (StN.DE), Stuttgarter Nachrichten Verlagsgesellschaft mbH (Hrsg.), Stuttgart.
Online im Internet: URL: *http://www.stuttgarter-nachrichten.de/inhalt.tierschutz-profit-statt-ethik.ece2d380-6ae3-455b-afc6-57ffed28f58c.html* [Stand 09.06.2016].

KRUG, W., KÖNIG, R. (1993): Der Fang von Wirbeltieren aus tierschutzrechtlicher Sicht (Merkblatt Nr. 34),
Tierärztliche Vereinigung für Tierschutz e. V., Bramsche (URL: *http://www.tierschutz-tvt.de/*)
Merkblatt online im Internet: URL: http://www.tierschutz-tvt.de/index.php?id=merkblaetter : 6. Wildtiere und Jagd - Der Fang von Wirbeltieren aus tierschutzrechtlicher Sicht [Stand 28.09.2016].

MEYER ZU HERINGDORF, MRn, Katja (2011): Aktueller Begriff. Die Tierschutzkommission beim Bundesministerium für Ernährung, Landwirtschaft und Verbraucherschutz. Fachbereich WD 5, – Wirtschaft und Technologie, Ernährung, Landwirtschaft und Verbraucherschutz, Tourismus. Wissenschaftliche Dienste – Deutscher Bundestag.
Online im Internet: URL: *https://www.bundestag.de/blob/191676/c2cd122ffded3d0707a20dca12e774aa/tierschutzkommission-data.pdf* [Stand 16.06.2016].

ONKELBACH, Hans (2013): Stadtspitze will Tauben nicht töten lassen. In: RP Online, RP Digital GmbH, Düsseldorf, Stand 27.08.2013 09:29.
Online im Internet: URL: *http://www.rp-online.de/nrw/staedte/duesseldorf/stadtspitze-will-tauben-nicht-toeten-lassen-aid-1.3633234* [Stand 30.09.2016].

PETKO, Dominik, JOBIN, Jean-François (2006): Was heisst "Ethik"?. In Schweizerische Fachstelle für Informationstechnologien im Bildungswesen SFIB (Hrsg.): ICT und Ethik. Probleme und ethische Lerngelegenheiten beim Einsatz neuer Medien in der Schule. educa.ch, Bern, 6-11.
Online im Internet: URL: *https://archiv.educa.ch/sites/default/files/Ethik_d_lang_3.pdf* [Stand 24.06.2016].

PLITT, Franz-Anton (2002): Ansbacher Studienkommentar
zum Zivilrecht - § 90a Tiere (Regelung seit 01.01.2002). Stand 02.01.2002.
Online im Internet: URL: *http://www.markenrecht7.de/master.php?wahl=42&gesetz_id=48&k_id=578&paragraph_id=197* [Stand 09.06.2016].

REGAN, Tom (1997): Wie man Rechte für Tiere begründet. In KREBS, Angelika (Hrsg.): Naturethik – Grundtexte zur gegenwärtigen tier- und ökoethischen Diskussion. Suhrkamp Verlag (= Taschenbuch Wissenschaft), Frankfurt am Main, 33-46.

ROWLANDS, Marc (2008): Gerechtigkeit für alle. In WOLF, Ursula (Hrsg.): Texte zur Tierethik. Reclams Universal-Bibliothek, Stuttgart, 92-104.

SAILER, Dr., Christian (2006): Das neue Staatsziel und die alte Jagd. Erschienen in Natur und Recht Heft 5 (2006).
Online im Internet: URL: *http://www.kanzlei-sailer.de/publikationen/nsaj-1.shtml* [Stand 09.06.2016].

SCHWEITZER, Albert (1990): Kultur und Ethik. Verlag C.H. Beck, München.

SINGER, Peter (2008): Rassismus und Speziesismus. In WOLF, Ursula (Hrsg.): Texte zur Tierethik. Reclams Universal-Bibliothek, Stuttgart, 25-32.

SINGER, Peter (2008): Tierversuche. In WOLF, Ursula (Hrsg.): Texte zur Tierethik. Reclams Universal-Bibliothek, Stuttgart, 232-235.

WALZ, Norbert (2007): Kritische Ethik der Natur. Ein pathozentrisch-existenzphilosophischer Beitrag zu den normativen Grundlagen der kritischen Theorie. Verlag Königshausen & Neumann GmbH, Würzburg.

WOLF, Jean-Claude (2002): Tierschutz und Würde des Menschen. In LIECHTI, Martin (Hrsg.): Die Würde des Tieres. Tierrechte – Menschenpflichten, Bd. 7. Harald Fischer Verlag, Erlangen, 61-74.

WOLF, Jean-Claude (10. Mai 2007): Rechte von Tieren?. Argumente pro und contra. Vortrag am Philosophischen Seminar der Universität Heidelberg.
Online im Internet: URL: *http://www.youtube.com/watch?v=36ilOeGDOF4&feature=related* [Stand 09.06.2016]. (Mündliche Quelle)

WOLF, Jean-Claude (1992): Einleitung in die Tierethik. Paulusverlag, Freiburg.
Online im Internet: URL: *http://archiv.veggie-planet.at/vgoe/buecher/tierrechte/wolf_einleitung.html* [Stand 24.06.2016].

WOLF, Jean-Claude (1998): Leben wir in einer Kultur des Tötens?. In „Neues Deutschland" (Tageszeitung), 20. Juni 1998.
Online im Internet: URL: *https://www.neues-deutschland.de/artikel/717451.leben-wir-in-einer-kultur-des-toetens.html* [Stand 24.06.2016].

WOLF, Ursula (1990): Das Tier in der Moral. 2. Auflage 2004. Vittorio Klostermann GmbH, Frankfurt am Main.

WOLF, Ursula (1997): Haben wir moralische Verpflichtungen gegen Tiere?. In KREBS, Angelika (Hrsg.): Naturethik – Grundtexte zur gegenwärtigen tier- und ökoethischen Diskussion. Suhrkamp Verlag (= Taschenbuch Wissenschaft), Frankfurt am Main, 47-75.

WOLF, Ursula (2008): Die Mensch-Tier-Beziehung und ihre Ethik. In WOLF, Ursula (Hrsg.): Texte zur Tierethik. Reclams Universal-Bibliothek, Stuttgart, 170-194.

Institutionen / Organisationen / Vereine

Bundesministerium für Bildung und Forschung (BMBF) (2001): Tierversuche in der Grundlagenforschung. In Bundesministerium für Bildung und Forschung (BMBF) Referat Öffentlichkeitsarbeit, Bonn, Bundesministerium für Verbraucherschutz, Ernährung und Landwirtschaft (BMVEL) Referat Öffentlichkeitsarbeit, Bonn, Bundesministerium für Gesundheit (BMG) Referat Öffentlichkeitsarbeit, Bonn, Bundesministerium für Umwelt, Naturschutz und Reaktorsicherheit (BMU) Referat Öffentlichkeitsarbeit, Berlin (Hrsg.): Hightech statt Tiere - Ersatz- und Ergänzungsmethoden zu Tierversuchen - Grundlagen – Ergebnisse – Perspektiven.

Bundesministerium für Ernährung und Landwirtschaft (BMEL) (o.J.): Stellung des Tierschutzes im Grundgesetz.
Online im Internet: URL:
http://www.bmel.de/DE/Tier/Tierschutz/_texte/StaatszielTierschutz.html [Stand 09.06.2016]

Bundesministerium für Ernährung und Landwirtschaft (BMEL) (2014): artgerechte Tierhaltung - Tierschutz - Verwendung von Versuchstieren im Jahr 2014 – Zum Herunterladen – Versuchstierzahlen 2014.
Online im Internet: URL:
http://www.bmel.de/DE/Tier/Tierschutz/_texte/TierschutzTierforschung.html?notFirst=true&docId=7027766 [Stand 09.09.2016].
PDF direkt unter:
http://www.bmel.de/SharedDocs/Downloads/Tier/Tierschutz/2014-TierversuchszahlenGesamt.pdf?__blob=publicationFile [Stand 09.09.2016].

Deutsche Presse-Agentur (dpa) (2001), Verbrennung von 1,5 Millionen Tieren in Europa – Künast wird vermutlich 400.000 Rinder töten lassen. In: RP Online, RP Digital GmbH, Düsseldorf, Stand 30.01.2001 18:30.
Online im Internet: URL: *http://www.rp-online.de/politik/kuenast-wird-vermutlich-400000-rinder-toeten-lassen-aid-1.2273863* [Stand 07.09.2016].

Deutsche Presse-Agentur (dpa/nidi) (2016), Urteil: Küken-Töten ist mit dem Tierschutzgesetz vereinbar. In: Die Welt – Politik, AUST, Stefan (Hrsg.), WeltN24 GmbH, Berlin,
Online im Internet: URL:
http://www.welt.de/politik/deutschland/article155524956/Kueken-Toeten-ist-mit-dem-Tierschutzgesetz-vereinbar.html [Stand 06.09.2016].

Deutscher Bundestag (2002): Drucksache 14/8860 14. Wahlperiode 23.04.2002, Gesetzentwurf der Fraktion SPD, CDU/CSU, Bündnis 90/Die Grünen, FDP. Entwurf eines Gesetzes zu Änderung des Grundgesetzes (Staatsziel Tierschutz). Stand: 23.04.2002.
Online im Internet: URL:
http://dip21.bundestag.de/dip21/btd/14/088/1408860.pdf
[Stand 09.06.2016].

Deutscher Bundestag (2003): Drucksache 15/723 15. Wahlperiode 26.03.2003, Unterrichtung durch die Bundesregierung, Tierschutzbericht 2003. Bericht über den Stand der Entwicklung des Tierschutzes, Zum vernünftigen Grund. Stand: 26.03.2003.
Online im Internet: URL:
http://dipbt.bundestag.de/doc/btd/15/007/1500723.pdf
[Stand 09.06.2016].

Deutscher Tierschutzbund e.V. (o.J.): Akademie für Tierschutz.
Online im Internet: URL:
http://www.tierschutzbund.de/organisation/einrichtungen/akademie-fuer-tierschutz.html [Stand 14.06.2016].

Deutscher Tierschutzbund e.V. (o.J.): Finanzen. Haushalt 2014.
Online im Internet: URL:
http://www.tierschutzbund.de/fileadmin/user_upload/Downloads/Organisation/Geschaeftsbericht_2014.pdf [Stand 14.06.2016].

Deutscher Tierschutzbund e.V. (o.J.): Für ein neues Tierschutzgesetz.
Online im Internet: URL:
http://www.tierschutzbund.de/kampagne-tierschutzgesetz.html [Stand 16.06.2016].

Deutscher Tierschutzbund e.V. (o.J.): Jagd. Das Tier als Zielscheibe.
Online im Internet: URL:
http://www.tierschutzbund.de/information/hintergrund/artenschutz/jagd-auf-wildtiere/jagd.html [Stand 15.06.2016].

Deutscher Tierschutzbund e.V. (o.J.): Kritik an Tierversuchen.
Online im Internet: URL:
http://www.tierschutzakademie.de/1479.html [Stand 10.11.2011].

Deutscher Tierschutzbund e.V. (o.J.): Niedrigpathogene Vogelgrippe.
Online im Internet: URL:
http://www.tierschutzbund.de/vogelgrippe.html [Stand 17.10.2011].

Deutscher Tierschutzbund e.V. (o.J.): Novelle des Bundesjagdgesetzes.
Online im Internet: URL:
http://www.tierschutzbund.de/kampagne-bundesjagdgesetz.html [Stand 15.06.2016].

Deutscher Tierschutzbund e.V. (2015): Satzung Deutscher Tierschutzbund e.V. i.d.F. vom 12.09.2015.
Online im Internet: URL:

http://www.tierschutzbund.de/fileadmin/user_upload/Downloads/Organisation/Satzung_DTSchB_2015.pdf [Stand 14.06.2016].

Deutscher Tierschutzbund e.V. (o.J.): Selbstdarstellung.
Online im Internet: URL: *http://www.tierschutzbund.de/organisation/selbstdarstellung.html* [Stand 14.06.2016].

Deutscher Tierschutzbund e.V. (o.J.): Tierschutz im Bürgerlichen Recht.
Online im Internet: URL: *http://www.tierschutzbund.de/information/hintergrund/recht/buergerliches-recht.html* [Stand 09.06.2016].

Deutscher Tierschutzbund e.V. (o.J.): Tierschutzgesetz.
Online im Internet: URL: *http://www.tierschutzbund.de/information/hintergrund/recht/tierschutzgesetz.html* [Stand 09.06.2016].

Deutscher Tierschutzbund e.V. (o.J.): Tierversuche. Einführung zur Problematik von Tierversuchen.
Online im Internet: URL: *http://www.tierschutzbund.de/information/hintergrund/tierversuche/einfuehrung.html* [Stand 15.06.2016].

Statistisches Bundesamt (2016): Tiere und tierische Erzeugung, Gewerbliche Schlachtungen. DESTATIS, Statistisches Bundesamt (Hrsg.), Wiesbaden.
Online im Internet: URL:

https://www.destatis.de/DE/ZahlenFakten/Wirtschaftsbereic he/LandForstwirtschaftFischerei/TiereundtierischeErzeugun g/Tabellen/GewerbSchlachtungJahr.html [Stand 12.10.2016].

Statistisches Bundesamt (2016): Tiere und tierische Erzeugung, Geflügelfleischerzeugung nach Geflügelarten, Herrichtungsform und Angebotszustand in Deutschland im Jahr 2015. DESTATIS, Statistisches Bundesamt (Hrsg.), Wiesbaden.
Online im Internet: URL:
https://www.destatis.de/DE/ZahlenFakten/Wirtschaftsbereic he/LandForstwirtschaftFischerei/TiereundtierischeErzeugun g/Tabellen/Gefluegelfleisch.html#Fussnote1 [Stand 12.10.2016].

Stiftung für das Tier im Recht (o.J.): Tierschutzrecht – Deutschland.
Online im Internet: URL:
http://www.tierimrecht.org/de/tierschutzrecht/deutschland/g esetzgebung.php [Stand 09.06.2016].

TTN Ethik interdisziplinär (o.J.): Tierschutz und Tierethik. Institut Technik-Theologie-Naturwissenschaften an der Ludwig-Maximilians-Universität München.
Online im Internet: URL: *http://www.ttn-institut.de/node/106* [Stand 09.06.2016].

Vegetarierbund Deutschland e.V. (VEBU) (2015): Anzahl der Veganer und Vegetarier in Deutschland.

Online im Internet: URL:
https://vebu.de/veggie-fakten/entwicklung-in-zahlen/anzahl-veganer-und-vegetarier-in-deutschland/ [Stand 06.09.2016].

Worldsoffood (o.J.), Weltvegetariertag – Fakten und Zahlen zur vegetarischen Ernährung – Ethische Gründe spielen für Vegetarier die größte Rolle. Online im Internet: URL:
http://www.worldsoffood.de/gesundes-und-bio/item/1590-weltvegetariertag-fakten-und-zahlen-zur-vegetarischen-ernaehrung.html [Stand 06.09.2016].

Rechtsquellen

Bürgerliches Gesetzbuch (BGB) in der Fassung der Bekanntmachung vom 2. Januar 2002 (BGBl. I S. 42, 2909; 2003 I S. 738), geändert durch Artikel 3 des Gesetzes vom 24. Mai 2016 (BGBl. I S. 1190)

Bundesjagdgesetz (BJagdG) in der Fassung der Bekanntmachung vom 29. September 1976 (BGBl. I S. 2849), zuletzt geändert durch Artikel 422 der Verordnung vom 31. August 2015 (BGBl. I S. 1474)

Grundgesetz für die Bundesrepublik Deutschland (GG) in der im Bundesgesetzblatt Teil III, Gliederungsnummer 100-1, veröffentlichten bereinigten Fassung, zuletzt geändert durch Artikel 1 des Gesetzes vom 23. Dezember 2014 (BGBl. I S. 2438)

Infektionsschutzgesetz (IfSG) vom 20. Juli 2000 (BGBl. I S. 1045), zuletzt geändert durch Artikel 4 Absatz 20 des Gesetzes vom 18. Juli 2016 (BGBl. I S. 1666)

Tierschutzgesetz (TierSchG) in der Fassung der Bekanntmachung vom 18. Mai 2006 (BGBl. I S. 1206, 1313), zuletzt geändert durch Artikel 8 Absatz 13 des Gesetzes vom 3. Dezember 2015 (BGBl. I S. 2178)

Tierschutzgesetz (TierSchG) (a.F.) in der Fassung der Bekanntmachung vom 18. Mai 2006 (BGBl. I S. 1206, 1313), zuletzt geändert durch Artikel 20 des Gesetzes vom 9. Dezember 2010 (BGBl. I S. 1934)

Verordnung über die Tierschutzkommission beim Bundesministerium für Ernährung, Landwirtschaft und Verbraucherschutz (Tierschutzkommissions-Verordnung) (TierSchKomV) vom 23. Juni 1987 (BGBl. I S. 1557), zuletzt geändert durch Artikel 418 der Verordnung vom 31. Oktober 2006 (BGBl. I S. 2407)

Danksagung

Von Herzen danke ich meiner Schwester und meiner Mutter für ihre Vorablektüre dieses Buches und ihr wertvolles und motivierendes Feedback.

Ein besonderer Dank gilt auch meinem lieben Mann, der mir die Arbeit an diesem Buch ermöglicht und der sich geduldig jedes neue Kapitel und jede Änderung angehört hat.